Peter Antes

Ethik und Politik im Islam

Verlag W. Kohlhammer
Stuttgart Berlin Köln Mainz

CIP-Kurztitelaufnahme der Deutschen Bibliothek

Antes, Peter:
Ethik und Politik im Islam / Peter Antes. – Stuttgart ;
Berlin ; Köln ; Mainz : Kohlhammer, 1982
  ISBN 3-17-007465-2

© 1982 Verlag W. Kohlhammer GmbH
Stuttgart Berlin Köln Mainz
Verlagsort: Stuttgart
Umschlag: hace
Gesamtherstellung:
W. Kohlhammer Druckerei GmbH + Co. Stuttgart
Printed in Germany

Inhalt

Vorwort

Dieses Buch will keine Einführung in den Islam im üblichen Sinne sein. Es möchte vielmehr jene Aspekte der islamischen Religion behandeln, die das Handeln des Einzelnen wie der Gemeinschaft betreffen und die im europäischen Sprachgebrauch gewöhnlich durch die Begriffe »Ethik« und »Politik« benannt werden. Dabei wird sich zeigen, daß diese Teilbereiche häufig so eng mit der eigentlichen Sinnmitte der Religion verknüpft sind, daß sich eine solche Unterscheidung nicht immer als sinnvoll erweist[1] und infolgedessen manches zur Darstellung kommen wird, was – nach europäischer Vorstellung – nicht unmittelbar zu dieser Thematik zu gehören scheint wie etwa das Kapitel II. Der Islam zur Zeit Mohammeds. Da dieser Islam aber zum Maßstab für alles Handeln der Muslime – dem Ideal nach – geworden ist (vgl. Kap. III–V) und somit die Zielvorstellung der gegenwärtig zu beobachtenden Abkehr vieler Muslime von europäischen Vorbildern (vgl. Kap. I) darstellt, kommt ihm als solchem eine einmalige Sonderstellung zu, die expliziert werden muß, zumal Ideal und Wirklichkeit nicht erst in der islamischen Gegenwart beträchtlich auseinanderklaffen (vgl. Kap. VI).

Das Buch stützt sich wesentlich auf zwei frühere Arbeiten des Verfassers: »Ethik im Islam«, in: Carl Heinz *Ratschow* (Hrsg.): Ethik der Religionen. Ein Handbuch: Primitive, Hinduismus, Buddhismus, Islam, Stuttgart–Berlin–Köln–Mainz 1980, S. 177–225, und »Der Islam als politischer Faktor«, herausgegeben von der Niedersächsischen Landeszentrale für politische Bildung, Hannover 1980. Deshalb wird das, was aus diesen beiden Veröffentlichungen übernommen wird, nicht eigens kenntlich gemacht.

Die Verweise in den Anmerkungen nennen dem interessierten Leser Bücher und Beiträge, in denen er zu den genannten Problemkreisen oder zu bestimmten Einzelfragen zusätzliche Informationen finden kann, wobei es sich bei dieser Nennung stets nur um eine (subjektive) Auswahl handelt. Dabei wird vorzugsweise Literatur in europäischen Sprachen genannt. Bei der Literatur in Arabisch und Persisch sowie für die fremden Wörter im Text wird im allgemeinen die Umschrift der Deutschen Morgenländischen Gesellschaft verwandt. Orts- und Eigennamen werden dagegen oft in der sonst bei uns üblichen Schreibweise wiedergegeben. Die Zweigleisigkeit der Umschrift bringt notwendigerweise Inkonsequenzen mit sich.

Der Verfasser dankt den beiden Hamburger Professoren Dr. Werner Ende und Dr. Olaf Schumann für ihre weiterführenden Hinweise, Frau Irene

Schneider (Orientalisches Seminar Tübingen) für die Erstellung des Registers und dem Verlag Kohlhammer für die Anregung zu diesem Buch. Der Verfasser hofft, daß der Leser hier auf möglichst alle seine Fragen zur gestellten Problematik eine richtige Antwort findet.

Hannover, im Oktober 1981   *Peter Antes*

I. Ethik und Politik im Islam aktuell

1. Islam und Entwicklung

Die Vorstellungen, die sich im deutschen Sprachraum mit »Islam« verbinden, machen die Anhänger dieser Religion entweder zu märchenumwobenen, vom Zauber des Orients geprägten Gestalten oder – im krassen Gegensatz dazu – zu total rückständigen Menschen, die ein wenig kurios, vorindustriell, naiv und bar aller technischer wie ethisch-emanzipatorischer Entwicklung sind.

Zur Ausformung des Märchencharakters hat zweifellos der Geschichtenzyklus von »1001 Nacht« maßgeblich beigetragen. Karl Mays Islam-Bild[2] hat zusätzlich ganze Generationen abenteuerlustiger und Helden verehrender Jugendlicher geprägt. Demgegenüber haben die zahlreichen Türken in der Bundesrepublik Deutschland sowie die Aufrufe zugunsten der Entwicklungshilfe in Ländern der islamischen Welt und die vielfältigen Reiseeindrücke des zunehmend bedeutsamen Tourismus im arabisch-türkischen Mittelmeerraum den Islam als vorindustrielles Relikt im wissenschaftlich-technischen Zeitalter erscheinen lassen.[3]

In dem Maße, in dem die Muslime die koranischen Vorschriften weiterhin beachten, so wurde immer wieder geweissagt, perpetuieren sie die alarmierende Unterentwicklung, denn schuld an der Misere sei – nach Meinung vieler Europäer – allein der Islam, der – wie jeder Karl-May-Leser sehr wohl weiß – dem Muslim angeblich einimpft, jedwede Situation als »kismet« (ein Wort, das bei arabischen Theologen nie auftaucht!) zu begreifen und sie infolgedessen widerspruchslos hinzunehmen. Vergessen wurde dabei nur, daß dieser Fatalismus-Vorwurf erst in der Neuzeit erhoben wurde, während das Mittelalter unter der ständigen Bedrohung herannahender Moslemheere – zunächst im Westen (Spanien, Sizilien) und dann im Osten (Türkei) – den Islam eher als aktiv und angriffslustig, jedenfalls als keineswegs ungefährlich ansah. Ja die militärischen Erfolge der Muslime bewegten lange Zeit hindurch die Gemüter der byzantinischen Theologen, da sie erklären mußten, weshalb die Siege nicht, wie die Muslime es behaupteten, als Beweise für die Wahrheit des Islam gegenüber dem militärisch unterlegenen Christentum gelten konnten.[4] Erst die Kolonialzeit brachte militärisch die Wende, so daß von da an die Muslime als besiegt und unterlegen galten.

Was Wunder, wenn infolge dieses neuzeitlichen Denkens den Verhaltensweisen der Muslime keine politische Relevanz mehr beigemessen wurde. Ja viele aufgeklärte Europäer konnten sich offensichtlich gar nicht vorstellen, daß es sich hierbei um mehr als Relikte handele, die alsbald im Zuge besserer Bildungsmöglichkeiten und verbesserten Lebensstandards[5] aufgegeben würden.

Dementsprechend wurden auch der Ölreichtum der Araber[6] und der tastend etablierte europäisch-arabische Dialog[7] zunächst unter rein wirtschaftspolitischen Gesichtspunkten begriffen. Daß die Araber Muslime sind, spielte kaum eine Rolle. Erst die dramatischen Ereignisse der 2. Hälfte des Jahres 1978, die Anfang 1979 zur Abreise von Schah Muhammad Reza Pahlavi (gest. 1980) geführt[8] und seither immer neue, wenig kalkulierbare Geschehnisse in Iran hervorgebracht haben, lenkten das Interesse weiter Kreise der deutschen Öffentlichkeit in einem bislang kaum vorhersehbaren Ausmaß auf den Islam als Religion. Sorge macht sich breit, derartige Vorgänge könnten sich in anderen Ländern der islamischen Welt wiederholen. Und mit Blick auf unsere Abhängigkeit vom Erdöl richtet sich – also keineswegs uneigennützig! – unser spezielles Augenmerk erneut auf die sog. Golfstaaten: die Emirate am Persischen Golf, Kuweit und vor allem Saudi-Arabien. Dadurch trat – zumindest vorübergehend – ein anderer, nicht minder gefährlicher Krisenherd des Nahen Ostens in den Hintergrund: der Israelkonflikt[9] und damit zusammenhängend die Palästinenserfrage und die Auseinandersetzungen im Libanon.

Das Stichwort von der Re-Islamisierung macht die Runde, und H. A. Fischer-Barnicol stellt zu Recht die Frage: »Wie kommen wir darauf, uns über die sogenannte *Re-Islamisierung* besorgt zu zeigen, als gäbe es sie und als stelle sie eine Gefahr dar? Wenn regierungsoffiziell Studien zu diesem Thema ausgeschrieben werden, heißt das doch nichts anderes, als daß man bisher so gut wie gar nicht bemerkt hat, daß muslimische Völker ihr alltägliches Leben, ihre Gesellschaften, ihr Recht, ihre Künste und Literaturen, kurzum alles, was dem menschlichen Leben Sinn verleiht, durch den Islam bestimmen und prägen lassen. Sie haben nie aufgehört und nie etwas anderes vorgehabt, als im Islam zu leben und zu sterben. Nicht die Muslims gehen in den Islam zurück, wir entdecken lediglich – zu ihrer nicht geringen Verwunderung –, daß sie Muslims sind.«[10]

2. Der Islam in der Gegenwart als Herausforderung an unser Denken

Die (Wieder-)Entdeckung der Muslime stellt unsere ideologischen Konzepte und unser Geschichtsmodell gleichermaßen in Frage:
1. »Ideologisch« sind hier all die politischen Erklärungsversuche zu nennen, die nur globale Zusammenhänge gelten lassen und infolgedessen regionalen oder kulturspezifischen Besonderheiten keinen Raum geben. Dementsprechend sehen die sog. »Linken« in jeder politischen Veränderung Wirtschaftsfaktoren allein am Werk; religiöse Argumentation wird so zum trickreichen ideologischen Überbau letztlich unausgesprochener ökonomischer Verhältnisse, und folgerichtig wird dann z. B. Ayatollah Kho-

meini als besonders raffinierte Spielart des amerikanischen Imperialismus entlarvt.[11] Umgekehrt kennen die sog. »Rechten« nur das Denkmodell Ost-West, und konsequenterweise bedeutet für sie eine Absage des Iran an gewisse kapitalistische Praktiken zugleich ein Abdriften ins kommunistische Lager: Ayatollah Khomeini wird so – unter Hinweis auf die Beziehungen seines Sohnes zu linksextremen Palästinensergruppen – zur Symbolfigur auf dem Wege zu einer Neuverteilung der Einflußbereiche der Supermächte. »Linke« wie »Rechte« können folglich mit dem Islam als eigenständiger Kraft nichts anfangen. Ihre Auffassung wird – zum Verdruß der Muslime! – noch dadurch bestärkt, daß sie ohnehin nur die islamischen Länder in ihr Kalkül einbeziehen, die entweder geostrategisch oder als Rohstofflieferanten für uns interessant sind; alle anderen islamischen Länder bleiben unbeachtet. Schließlich, so sehen es die meisten Europäer, kann der ideale Weg in die Zukunft auch für die islamischen Länder nur in der Bejahung und Übernahme unseres Fortschritts bestehen.

2. Der »Fortschritt« ist damit zu einer Art neuer Heilslehre geworden, in der sich der ehemals christliche Missionsgedanke der Europäer (und Nordamerikaner), verbunden mit dem klassischen Absolutheitsanspruch, nun in säkularem Gewande präsentiert nach dem – leicht abgewandelten – Motto: außerhalb unserer Art zu leben kein Heil! Hinter alledem steht ein lineares Geschichtsmodell, dem zufolge nur *eine* Entwicklung denkbar ist, deren wesentliche Etappen nicht ausgelassen oder übersprungen werden dürfen und an deren am weitesten fortgeschrittenen Ende *wir* stehen. Wer also nicht so ist wie wir, gilt – in diesem Denkansatz konsequent – als »rückständig« und kann, will er nicht überhaupt stehenbleiben, nur danach streben, dieses, das bessere, eben: unser Sein möglichst schnell einzuholen, indem er die dazu notwendigen Etappen so rasch wie möglich »nach«-holt. Hier haben die teils gut, teils polemisch gemeinten Ratschläge, der Islam müsse erst noch seine Aufklärung erleben, ihren Ort. Ein derartiges Geschichtsmodell garantiert uns – fast zwangsläufig – auch in Zukunft die Rolle der Vorhut auf dem Weg zu mehr Fortschritt und Wohlstand. Es ist getragen von der Überzeugung, daß unsere Art zu leben jedem, der auch nur ein wenig davon gekostet hat, als non plus ultra und selbstverständliches Ziel seines eigenen Wünschens und Begehrens erscheint. Dies in die Tat umzusetzen ist für uns – nach Auffassung des persischen Homme de lettres M. Minowi – »Freiheit«. Seiner Meinung nach gibt es nämlich »zwei Grundkonzeptionen der Freiheit: die eine, westliche, bestehe darin, immer mehr Bedürfnisse zu schaffen und zu befriedigen – während die andere, entgegengesetzte, vertreten von der traditionellen Geistigkeit des Orients, auf der Ansicht beruhe, der Mensch müsse immer mehr Bedürfnisse abbauen, um äußerlich und innerlich unabhängig zu werden.«[12]

Diese Unabhängigkeit (und damit: Freiheit), so lautet ein immer wieder formulierter Vorwurf gegen die Polemik des Schah, wurde in Iran durch die Verflechtung seiner Entwicklungsstrategie mit den Interessen der Amerikaner in fataler Weise aufgegeben, so daß praktisch Iran heute ohne

Importe nicht mehr lebensfähig ist[13] und die Wiedererlangung der Unabhängigkeit von den USA zum Grundproblem gemacht wird, demgegenüber alle anderen Probleme von sekundärer Bedeutung seien.[14] Das erklärte Ziel der sog. »islamischen Revolution in Iran« ist also das tatsächliche Nein zu unserem Geschichtsmodell in der Weise, daß hier ein ganzes Volk – scheinbar oder wirklich – sich gegen den Fortschritt, den es zumindest bei einigen im Lande gesehen hat, offen ausspricht und – angeführt von Mullahs und Ayatollahs – sein wahres Heil im Islam sucht. Ein solches Verhalten muß angesichts unserer Überzeugtheit von diesem Geschichtsmodell Sorge und Verunsicherung (auch unabhängig von der Frage der Ölversorgung) bei uns auslösen und dies umso mehr, als kaum einer einen solchen »Sinneswandel«[15] in Iran vorhergesehen oder für möglich gehalten hatte. Durch den tatsächlichen Verlauf der Ereignisse wachgerüttelt, nimmt man die längst publizierten kritischen Stimmen in der islamischen Welt heute ernster als früher. Wir wissen ja inzwischen, daß es sich hierbei um mehr als nur um die Auffassung einiger verirrter Einzelner handelt. Von zentraler Bedeutung ist dabei die Sicht Europas in den Augen der Muslime.

3. Europa aus islamischer Sicht

Die neuzeitliche Begegnung Europas mit der islamischen Welt wurde eingeleitet durch die Expedition Napoleons nach Ägypten und fortgeführt durch das, was man heute in der arabischen und persischen Literatur »Kolonialismus« bzw. »Imperialismus« zu nennen pflegt. Europa (konkret heißt dies für die damalige Zeit: England und Frankreich) war technisch/militärisch überlegen, und wer sich dieser Herausforderung erfolgreich stellen wollte, mußte in eben diesem Europa in die Schule gehen, um einmal – im wahrsten Sinne des Wortes – Europa »mit seinen eigenen Waffen schlagen« zu können. Joseph S. Szyliowicz hat in einer Studie sehr eindrucksvoll dargelegt, wie sehr die Entwicklung des gesamten Bildungswesens in Ägypten, Iran und der Türkei auf dem Hintergrund dieser militärstrategischen Matrix gesehen werden muß.[16] Europa war zur Lehrmeisterin schlechthin geworden, zu einem Ideal, das es zu imitieren galt, und die Europäer gewöhnten sich daran, diese Rolle zu übernehmen und zu bejahen.

Der Prozeß der »Heimsuchung durch den Westen« war so perfekt im Gange, daß 1962 Āl-i Aḥmad Ǧalāl die Perser mit »einem sich selbst entfremdeten Volk« vergleichen konnte und diese Angleichung fand »in unserer Kleidung und Wohnung, in unserer Nahrung und unseren Umgangsformen, in unserer Presse und am gefährlichsten in unserem Bildungswesen. Wir erziehen Menschen, die europäische Sitten nachahmen, wir ahmen europäisches Denken nach, und wir suchen die Lösung jedes Problems in einer Europa nachahmenden Weise. Wenn zu Anfang der

Mašrūṭe (= die konstitutionelle Monarchie in Persien, die 1906 verkündet wurde. Eigene Anm.) die Gefahr über unseren Häuptern schwebte, so sitzt sie nun in unseren Seelen.«[17]

a) »Verwestlichung« als Dekadenz

Als Schlagwort zur Bezeichnung dieser Selbstentfremdung dient der Begriff der »Verwestlichung«, dessen Assoziationsfeld zunehmend negativer wird. Alles Übel, so hat es den Anschein, kommt vom »Westen«, d. h. von Europa und vor allem von den USA. Während früher »Europa« für Fortschritt und Ideal stand, meint »Westen« in diesem Kontext Sittenverfall und Dekadenz.

Die unterschiedlichen Aspekte dieses verderblichen Lebensstils hat der Perser Lari einigermaßen systematisch zusammengestellt und damit ein Bild vom »Westen« entworfen, in dem sich der deutsche Leser wohl kaum noch wiederfindet, wenngleich auch er die Existenz der einzelnen Gesichtspunkte nicht generell bestreiten kann.[18] Mit scharfen Worten geißelt Lari die für Westler typische, für ihn selbst jedoch ans Widernatürliche grenzende Tierliebe, speziell die Liebe zu Hunden.[19] Er verweist dabei u. a. auf eine amerikanische Umfrage unter Tierliebhabern (vornehmlich Frauen), von denen zwei Drittel auf die Frage, ob sie ihren Hund oder ihren Ehepartner mehr lieben, geantwortet haben sollen: den Ehepartner, wenn er den Hund liebt.[20]

Manch einer wird dieser persischen Kritik entgegenhalten, daß Vereinsamte oft nur noch ihr Haustier haben und ihnen dessen Freude über ihre Heimkehr Trost und Hilfe ist. Lari kann dies akzeptieren, doch würde er hinzufügen, daß sich hierdurch zugleich eine erschreckende Gesellschaftsanalyse offenbart, nämlich die einer Gesellschaft, die einen solchen Grad von Vereinsamung – wenn nicht fördert, so doch zumindest zuläßt und sich dadurch grundsätzlich von der klassischen Gesellschaft des Orients unterscheidet.

Ein weiteres Beispiel für den westlichen Sittenverfall ist nach Lari die Problematik des Alkoholismus, womit zugleich ein besonders neuralgischer Punkt der Auseinandersetzung des Islam mit der modernen Welt berührt ist. Bekanntlich ist dem Muslim der Genuß alkoholischer Getränke untersagt, weil gemäß Koran 2, 219 der Schaden größer ist als der Nutzen. Jahrzehntelang war es die Politik »aufgeklärter« Kreise der islamischen Welt, getreu dem Vorbild Europas das rückständig wirkende Alkoholverbot des Koran aufzuheben, um ein weiteres Stück »westlicher Freiheit« im Orient zuzulassen. Die Warnung der Theologen, die hierin einen Verstoß gegen Gottes Gebot sahen, eine Sünde also, die nicht ohne Folgen bleiben wird, wurde verlacht und in den Wind geschlagen. Die bösen Folgen einer solch vermeintlichen »Freiheit« aber, so meint Lari, sind nun in der westlichen Welt unmittelbar konstatierbar. Man braucht deshalb gar nicht erst auf den Koran und die islamische Tradition zu rekurrieren, es genügt allein ein geschärfter Blick für die Realität des Westens. Und es wäre in der Tat ein leichtes, westliche Literatur als Beleg für Laris These in großer Zahl zu nennen. Das Beispiel Alkohol zeigt darüber hinaus, wie skeptisch man inzwischen in der islamischen Welt geworden ist, wenn es darum geht, westlichen Empfehlungen unkritisch zu folgen.

Sehr ausführlich behandelt Lari in seinem Buch das Drogenproblem. Zwar sind über 600 Drogentote im Jahre 1979 für die Bundesrepublik Deutschland keine Kleinigkeit, dennoch erscheint die Darstellung bei Lari unproportional gewichtet. Der Grund hierfür ist sicherlich in den vielen Jugendlichen zu suchen, die, angeekelt von unserer Zivilisation, als »Ausgeflippte« auf der Suche nach einer neuen Spiritualität und dem Sinn des Lebens durch Iran zogen, um nach Indien zu gelangen. Sie vermittelten den Eindruck, daß die europäische Zivilisation trotz des scheinbaren Glanzes ihres technisch-wissenschaftlichen Erfolges im Grunde genommen leer, wert-los und damit sinn-los sei, eine wahrhaft kaputte Welt. Diese zutiefst mit unserer Welt unzufriedenen Jugendlichen waren dadurch eine lebendige Gegenpropaganda, gewissermaßen die Kehrseite der Entwicklungshilfe, deren Ziel es ist, die anderen zu unserer Art zu leben zu führen.

Zu den beliebtesten Themen bei der Erörterung des Islam gehört in unseren Breiten das der Stellung der Frau im Islam. Es nimmt daher kaum wunder, daß auch Lari seinerseits auf das Thema eingeht, und zwar unter der Überschrift: Sex im Westen. Lapidar stellt er dazu einleitend fest: »Im Sexualverhalten hat der Westen alle Grenzen der Moral überschritten.«[21] Diese Zügellosigkeit kommt daher, daß man den Sex von der Ethik gelöst hat. Die Folge war eine sklavenhafte Verfallenheit des Menschen an seine Sexualtriebe, die Wörter wie »Sünde«, »Reinheit«, »Enthaltsamkeit«, ja sogar »sittliches Empfinden« und »Moral« zu antiquierten Begriffen längst vergangener Zeiten werden ließ. Als Beispiele dienen Lari Schweden, die USA (vor allem der Kinsey-Report), die Bundesrepublik Deutschland und die DDR. Gerade der Hinweis auf die DDR – und an anderer Stelle des Buches auf die Sowjetunion – zeigt, daß »Westen« hier im Grunde genommen für alle technisch-wissenschaftlich hochentwickelten Staaten stehen kann. Dementsprechend müßte man mit Blick auf die Welt sagen, es gibt zwei Gruppen von Ländern: die des »westlichen« (= sittenlosen) Lebensstils und die, die noch traditionelle Wertvorstellungen und Gesellschaftsformen bewahrt haben. Iran stand unter dem Schah (wie viele andere Länder der sog. Dritten Welt) am Scheideweg und drohte, sich voll und vorbehaltlos in die erstgenannte Gruppe einzureihen.

Eine solche Einreihung bedeutet nach Lari praktisch den Verzicht auf die Ehe als Institution. Stattdessen gibt es vorehelichen Geschlechtsverkehr, Partnertausch, Ehebruch, zahllose Scheidungen, Freundschaften neben der Ehe, kurzum: die »große Freiheit« (im Sinne des Hamburger Vergnügungsviertels). Empfängnisverhütungsmittel und Abtreibungen helfen, die Folgen dieses zügellosen Sexualverhaltens in für die Gesellschaft erträglichen Grenzen zu halten. Auf eine einfache Formel gebracht, heißt dies:

»Die Männer haben aufgehört, ihre Sünden zu zählen. Die Frauen treten für die Gleichberechtigung mit den Männern ein und fallen ihrer Leidenschaft zum Opfer. Zahllose Liebesgeschichten und voreheliches Zusammenleben sind eher die Regel als die Ausnahme. Die Straßen mögen frei sein von Prostituierten – dies aber nicht aus Furcht vor der Polizei!, sondern weil die Frauen die Prostituierten dadurch in den Bankrott getrieben haben, daß sie selbst deren Geschäft umsonst betreiben.«[22]

Laris hartes Urteil, dessen prognostiziertes Entfallen der Prostitution bekanntlich nicht eingetreten ist, formuliert präzise ein bekanntes Vorurteil vieler Orientalen: die »emanzipierte« Europäerin sei bereit, mit jedem Mann, der ihr gefällt, intim zu verkehren, ohne dabei an spätere Verpflichtungen zu denken. Allerdings machen immer wieder Orientalen, die mit diesem Vorurteil nach Europa kommen, persönlich auch derartige Erfahrungen, so daß sich ihr Vor-Urteil dann in ein Urteil verwandelt und jeder wahren Förderung von Emanzipation im eigenen Lande aus ethischer Verantwortung heraus hinderlich im Wege steht. Die Boulevardpresse und der Film tun das ihre, um die vorurteilhafte Gleichsetzung von Emanzipation der Frau mit Libertinage und Prostitution zu festigen.

Laris Analyse wendet sich abschließend den Ungereimtheiten »westlichen« Verhaltens zu. Er erwähnt die nicht nachvollziehbare Diskrepanz zwischen der bereits erwähnten übertriebenen Tierliebe auf der einen Seite und dem rücksichtslosen Töten von Menschen (auch Kindern) durch Bomben im Ersten und Zweiten Weltkrieg oder in Vietnam, und er streift schließlich die Problematik Christentum und Apartheid in Südafrika.

Das Fazit von Laris »Physiognomie des Westens«, die mit ihren Verweisen auf Verbrechen, Rauschgift und Prostitution eher an die düstere Welt der Krimis als an die Alltagswirklichkeit erinnert, lautet: die westliche Kultur ist von einer unbestreitbaren Überlegenheit im wissenschaftlich-technischen Bereich, sie ist aber inhaltlich leer, ohne ethische Qualitäten und deshalb halt-los. Ihr fehlt die moralische Kraft, die Halt bieten kann und dadurch gestalterisch wirkt. Der größte Irrtum des Westens, meint Lari gut islamisch und stellt dementsprechend auch im 2. Teil des Buches die Vorzüge des Islam dar, bestand darin, daß die Religion zu einer Privatangelegenheit wurde und so ihre normen- und wertesetzende Kraft für die Gesellschaft verloren hat.[23] Die Folge davon war die heutige Situation, in der der einzelne nur noch auf sich selbst gestellt ist: ein System des reinen Egoismus.

b) Der Kapitalismus

Der »Egoismus« ist eine extreme Form des Individualismus, der die europäische Geschichte der Neuzeit maßgeblich geprägt und mit zur Entstehung des Kapitalismus beigetragen hat. Ein derart auf den einzelnen hinorientiertes Leistungsdenken ist Muslimen traditionellerweise fremd. So lesen wir diesbezüglich in einer Handreichung zum Zusammenleben mit

Muslimen die nicht nur für die Türken, sondern für alle Muslime zutreffenden Sätze:

»Im traditionellen Bereich der türkischen Familien werden die Kinder dazu erzogen, sich in die größere Gemeinschaft einzuordnen und wie alle anderen ihren Platz in diesem größeren Ganzen einzunehmen. Einordnung ist das Ziel, nicht individuelle, herausragende Leistung. Es ist für türkische Menschen deshalb schwer, sich in einer ganz auf persönliche Leistung und auf individuelle Bedürfnisse und ihre Befriedigung eingestellten Gesellschaft zurechtzufinden. Sie denken und empfinden gemeinschaftlich, der westliche Individualismus, für den Leistung und Konsum des einzelnen der oberste Maßstab sind, ist ihnen fremd.«[24]

Für ein solches Denken mußte die Einführung kapitalistischer Geschäfts- und Aufstiegspraktiken im Sinne amerikanischer Konzerne – also ohne den in der Bundesrepublik gewährten Schutz durch die Sozialgesetze – verheerende Folgen haben. An einen solchen Arbeitsstil kaum gewöhnt, wurden beispielsweise viele in Iran – vor allem die auf den untersten Stufen der Aufstiegsleiter – sehr rasch krank und fanden sich dadurch bald wieder – den eisernen Gesetzen dieses erbarmungslosen Konkurrenzkampfes entsprechend – auf der Straße. Da es sich hierbei oft um solche handelte, die aus der »Landflucht«[25] hervorgegangen waren, hatten sie keine Unterstützung durch ihre (Groß-)Familien zu erwarten; sie verelendeten rasch, und der Traum vom Glück in der Großstadt war ausgeträumt.

Umgekehrt lassen die Erfolgreichen kaum etwas von der sozialen Verantwortung des Reichtums erkennen. Sie sind einfach reich, suchen immer noch reicher zu werden und alles ihrem eigenen Vorteil Nützliche zu unternehmen. An Abgaben zugunsten der Armen oder Mittellosen denken sie nicht. Egoistisches Verhalten hat somit eine Haltung verdrängt, in der viele heute den großen Beitrag des Islam zur modernen Welt sehen: die Haltung der *zakāt*.

»Für die islamische Gesellschaft bringt die Einrichtung der Sakāt außerordentlich große Vorteile mit sich. Es ist jedem wohlhabenden Muslim zur bindenden Pflicht gemacht worden, seinen schlechtgestellten, bedürftigen Brüdern und Schwestern zu helfen. Sein Vermögen soll nicht einzig und allein für das eigene Wohlergehen und persönliche Bequemlichkeit ausgegeben werden. Vielmehr gibt es Menschen, die einen rechtmäßigen Anspruch auf sein Vermögen erheben können. Das sind zum Beispiel die Witwen und Waisen; die Armen und Kranken; jene, die die Fähigkeiten, nicht aber die Mittel haben, um sich eine nützliche Beschäftigung zu suchen; jene, die das Talent und den Scharfsinn, nicht jedoch das Geld besitzen, um sich größeres Wissen anzueignen und damit wertvolle Mitglieder der Gemeinschaft zu werden. Wer die Rechte solcher Mitbürger der eigenen Gemeinde auf sein Vermögen nicht anerkennt, ist wahrhaftig grausam. Denn es gibt keine größere Grausamkeit als die, die eigenen Truhen vollzustopfen, während andere Hungers sterben oder unter den qualvollen Folgen der Arbeitslosigkeit leiden müssen. Der Islam ist der

Erzfeind derartiger Eigenliebe, Habgier und Gewinnsucht. Nichtgläubige, denen das Gefühl der alles umfassenden Liebe fehlt, kennen nichts anderes als das selbstsüchtige Streben danach, ihr Vermögen zu erhalten, ja es möglichst noch zu vergrößern, indem sie es gegen Zins verleihen. Die Lehren des Islams treten für das genaue Gegenteil dieser Geisteshaltung ein. Hier teilt man sich mit anderen sein Vermögen und hilft ihnen tatkräftig, damit sie auf eigenen Beinen stehen können und leistungsfähige und nützliche Mitglieder der Gesellschaft werden.«[26]

Diese propagandistischen Ausführungen zur *zakāt* machen deutlich, in welcher Weise Muslime heute gern den Islam als eine Art Synthese zwischen den Anliegen des Kapitalismus und denen des Sozialismus sehen. Mit dem Kapitalismus vertreten auch sie die Freiheit und Eigeninitiative des einzelnen und setzen sich – wie der Sozialismus – zugleich dafür ein, die Gemeinschaft und ihre Anliegen nicht aus dem Auge zu verlieren.[27] Insofern käme dann dem Islam auch eine mittlere Position zwischen der rein auf die diesseitigen, materiellen Bedürfnisse ausgerichteten »westlichen« Weltanschauung und einer ausschließlich an Erlösung interessierten fernöstlichen Geistigkeit zu.[28] Die ihnen vorschwebende Synthese wird gerne: »ištirākīya« = »Sozialismus« genannt.

c) Das ideologische Vokabular

Es gehört zu der Eigenart der arabischen Sprache, Begriffe aus anderen Kulturkreisen nach Möglichkeit nicht zu arabisieren, sondern zu übersetzen, ähnlich wie wir nicht von »Television«, sondern vom »Fernsehen« reden. Dieses Verfahren fand auch im Bereich ideologischer Begriffe Anwendung und wird bei Darstellungen über den modernen Islam bislang viel zuwenig beachtet.

Ganz allgemein darf wohl diese Aussage gemacht werden: Begriffe wie »Kapitalismus« und »Imperialismus« erwecken von vornherein negative Assoziationen, ein Wort wie »Sozialismus« dagegen eine positive. Zur Bezeichnung des »Kapitalismus« wählt man nämlich »ra's-mālīya«, einen »-ismus«, bei dem es um Kapital, also hauptsächlich um Geld geht, was jemanden, der kein oder nur wenig Geld hat, kaum begeistern dürfte. »Kolonialismus«/»Imperialismus« (bezeichnenderweise im Arabischen sprachlich nicht unterschieden!) wird durch »istiʿmār« (bisweilen auch: »istiʿmārīya«) wiedergegeben. Man denkt dabei an einen, der in seinem eigenen Interesse (X. Stamm) etwas baut, kultiviert oder bevölkert, wobei dabei mitschwingt, daß dieses Interesse zugleich gegen das anderer gerichtet ist. Demgegenüber erweckt »ištirākīya« (= »Sozialismus«) die sympathische Vorstellung eines »-ismus« der Kooperation, des Teilens und der Partizipation. Diese Wortprägung, die das Arabische dem koptischen Christen Salama Mussa (1887–1959), der Marxist geworden war, verdankt[29], wurde unter dem ägyptischen Präsidenten Nasser auf den Islam übertragen, und es wurde sogar der Prophet des Islam, Mohammed, zum

19

»Imam (Vorbeter) des Sozialismus« erklärt.[30] Schließlich wäre noch zu erwähnen, daß »šuyū'īya« für »Kommunismus« die Vorstellung von einem »-ismus« hervorruft, der sich ausbreiten oder publik werden wird. Ohne zu stark Wortspekulationen zu erliegen, zumal detaillierte Begriffsstudien diesbezüglich m. W. noch nicht vorliegen, darf doch zur Vorsicht gemahnt werden, wenn es darum geht, vorschnell »ištirākīya« (bzw. in Übersetzungen: »Sozialismus«) mit unseren Vorstellungen von »Sozialismus« gleichzusetzen. Dieser Mahnung entspricht auch der Appell eines sowjetischen Autors, der seine russischen Leser davor warnt, im »islamischen Sozialismus« so etwas wie den sowjetischen Sozialismus zu vermuten, denn nach wie vor würde hierbei der Religion ein wichtiger Platz eingeräumt, da die Vorschriften des Koran uneingeschränkt bejaht würden.[31]

Man wird infolgedessen gut daran tun, Autoren und Gesprächspartner – soweit dies möglich ist – auf ihr Assoziationsfeld hin etwas genauer zu befragen, wenn sie sich für den Sozialismus und gegen den Kapitalismus aussprechen. Dabei wird in vielen Fällen schnell deutlich, welch radikal egoistische Praktiken sie mit »Kapitalismus« identifizieren und welch romantische Träume sie oftmals mit dem »Sozialismus« in Verbindung bringen. Ihr Protest richtet sich meist nur deswegen gegen das System im allgemeinen, weil sie mit bestimmten »Westlern« oder vom »Westen« beeinflußten Landsleuten konkret schlechte Erfahrungen gemacht haben. Die Frage ist, ob solche Vertreter des »Westens«, deren egoistisches Verhalten und Skrupellosigkeit angeprangert werden, Ausnahmen sind oder nur eine besondere Spielart westlicher Morallosigkeit darstellen.

d) Der Massentourismus

Was bisher zur »Verwestlichung« und zum »Kapitalismus« gesagt wurde, erhält eine verstärkende Komponente durch den Massentourismus. Während die Mehrheit der Orientalen den »Westen« lediglich durch die heimische Propaganda und den Film kennt und sicher nicht geneigt ist, in den superreichen Vertretern des Kapitalismus den »Mann auf der Straße« im Westen zu vermuten, führt der Massentourismus zur Begegnung mit allen Schichten der Bevölkerung.

Welch tiefgreifende Wandlungen der orientalischen Gesellschaft hierdurch eingetreten sind, schildert in erschreckender Weise ein Film, der zum Nachdenken anregt: »Šams aḍ-ḍibā'« (»Die Sonne der Hyänen«). Der Tunesier Ridha Behi zeigt in diesem 1977 entstandenen Film die Folgen des Tourismus in seiner Heimat Tunesien, einem klassischen Land des modernen Massentourismus. Man sieht zunächst ein traditionelles Fischerdorf an der tunesischen Mittelmeerküste. Die Leute sind zufrieden, wenngleich nicht ohne Probleme und Sorgen. Sie leben, wie man dort schon immer gelebt hat. Doch plötzlich wird alles anders: die Deutschen – wohl Prototypen des europäischen Tourismus aus tunesischer Sicht – kommen.

Ein Bungalow-Komplex entsteht. Die Bodenspekulation beginnt. Der Fischfang ist nicht mehr rentabel genug, man stellt sich auf die Herstellung von Souvenirs um. Geheiligte Traditionen werden gebrochen: man verkauft Wein, man läßt die Mädchen vor den Augen der Fremden arbeiten (d. h. Besichtigungen von Kunsthandwerksbetrieben). Die Bewohner des Dorfes beginnen zu begreifen, daß der Tourismus seinen Preis hat. Er diktiert, was zu geschehen hat. Die Fischer wehren sich, doch ihr Aufbegehren scheitert kläglich und bringt neues Leid über sie. Ihr Dorf gehört ihnen nicht mehr. Was sein kann und darf, bestimmen die Touristen im Einvernehmen mit den entsprechenden Stellen in der Hauptstadt. Wie anders die Repräsentanten in Tunis denken, verrät u. a. auch deren Sprache. Sie sprechen nämlich modernes Hocharabisch, das sich vom Dorfdialekt erheblich unterscheidet und von den Fischern kaum verstanden wird.

Der Film zeigt auch die Touristen, wie sie sich am Strand aalen und die Frauen sich – für islamisches Schamgefühl höchst anstößig – im Bikini bräunen lassen. Der Film zeigt weiterhin die Hochnäsigkeit der Touristen im Verhältnis zur Bevölkerung. Er zeigt den Luxus neben der Armut der Einheimischen nach dem Motto: drinnen Dusche, draußen Dürre. Der Film brandmarkt schließlich die Photographiersucht der Touristen, die vor nichts haltmacht: Betende in der Moschee, unverschleierte Frauen beim Einkaufen, selbst ein Bettler, dem eine Urlauberin etwas Geld schenkt, ist noch geeignet für das Familienalbum. Man könnte die Szenen des Films mühelos um weitere anreichern, die sich wie bildliche Kommentare zu Laris »Physiognomie des Westens« ausnehmen würden. In einer Gesellschaft, in der – wie vielerorts im Orient – bereits die Haartracht der erwachsenen Frau als erogen gilt und die Frau deshalb mit bedecktem Haupt, wenn nicht überhaupt verschleiert, geht, muß die Europäerin im Bikini – von den Nacktbadestränden ganz zu schweigen – als Inbegriff westlicher Dekadenz empfunden werden.

Der Massentourismus vermittelt so den Eindruck, daß in Europa auch der »Mann auf der Straße« so sei, wie Lari den Westen schildert. Den neugierigen, gezielten Fragen der Orientalen nach Tierliebe, Sexualität, Drogen usw. begegnen viele Touristen durch detaillierte Stories aus der Boulevardpresse, die ihre belustigende Wirkung nicht verfehlen und dadurch das ihre zur Verzeichnung der Lebenswirklichkeit in Europa beitragen. Hinzu kommt, daß viele Touristen sich dort »etwas erlauben« zu können glauben, was sie sich zuhause nicht herausnehmen würden: sie werden dadurch – ohne es zu wissen und zu wollen – zu einer Art Gegenpropaganda auf dem Wege zur Europäisierung dieser Länder.

Die Aspekte der Verwestlichung, des Kapitalismus und des Massentourismus, die hier angesprochen wurden, machen verständlich, weshalb neben das idealisierte Bild von Europa in der islamischen Welt im Laufe der letzten Jahrzehnte das andere vom dekadenten Westen getreten ist.[32] Die Euphorie der sog. Reformtheologen Muhammad ʿAbduh (1849–1905), Muhammad Rašīd Riḍā (1865–1935) u. a. m. ist weithin der Skepsis gewichen. Während diese Theologen sich mutig für eine Synthese zwischen westlicher Wissenschaft und islamischem Denken eingesetzt und ihren Optimismus aus der Berufung auf das »christliche Abendland« gespeist haben[33], weist man heute gerne in der islamischen Welt darauf hin, daß Europa auch die Heimat der Aufklärung, des Atheismus, des Marxismus, ja ein weithin entchristlichter Kontinent ist.

Die warnenden und mahnenden Theologen in der islamischen Welt von heute versuchen, der allenthalben spürbaren Gefahr der »Selbstentfremdung« durch den Rückgriff auf die »gute, alte Zeit« und die Forderung nach ihrer Wiederherstellung zu begegnen. Eine Art »heiliger Kampf«[34] ist im Gange, um wieder die alten Werte und Ideale des Islam voll zur Geltung zu bringen: die Anfangszeit des Islam, in der Ethik, Politik, Wirtschaft, Gesellschaft und Religion eine Einheit waren. Von daher gewinnt das Studium des frühen Islam und seiner Vorstellungen von der idealen menschlichen Gesellschaft eine neue Aktualität mit einer unmittelbaren Relevanz für die Tagespolitik zahlreicher islamischer Länder.

II. Der Islam zur Zeit Mohammeds

Das Idealbild, das die Theologen der unterschiedlichen Richtungen innerhalb des Islam von der Zeit Mohammeds zeichnen, stellt den Islam als eine Einheit von Sprache, Sitte (= adab), Religion, Geschichte, Kultur und traditionellem Erbe[35], kurz – in der klassisch gewordenen Einheit –: als Religion und staatlich-politisches Gesellschaftssystem *(dīn wa-daula)* zugleich dar. Eine Trennung beider Bereiche ist für die meisten Muslime auch in Zukunft nicht denkbar.[36] Damit entfällt eine Unterscheidung nach dem biblischen Motto: »Gebt dem Kaiser, was des Kaisers ist, und Gott, was Gottes ist« (Mt 22, 21). Demgegenüber gilt für den Islam: »er will Mensch und Welt integral erfassen und kennt darum keine Trennung zwischen Weltlichem und Geistlichem.«[37]
So simpel diese Aussage erscheint, so problemgeladen ist ihre Implikation in der Moderne, da hier – dem europäischen Vorbild der Säkularisierung folgend – die Trennung von Religion einerseits und Politik-Recht-Wirtschaft etc. andererseits zum Prinzip erhoben wurde. Doch auch für die Zeit Mohammeds selbst liegen die Dinge nicht so einfach, wie es die islamischen Theologen oft sagen.

1. Der Koran als Offenbarung

Die Argumentation der Theologen stützt sich auf den Koran, den sie als von Gott in der vorliegenden Form Mohammed eingegeben und von ihm dann verkündet ansehen. Des weiteren dienen die frühen Mohammedbiographien mit den Sammlungen der Aussprüche des Propheten *(Hadithe)* sowie der Schilderung seines Verhaltens *(Sunna)* als richtungweisend. Wichtig ist in diesem Zusammenhang noch, daß der Koran kein theologisches oder juristisches System enthält, sondern lediglich erste Bausteine zu einem solchen, und die frühe Religionsgeschichte des Islam zeigt sehr deutlich, daß mit Hilfe ein und desselben Koran durchaus unterschiedliche Theologien und Rechtsschulen entwickelt werden konnten und auch tatsächlich entstanden sind.[38]
Es ist üblich, eine relativ kurze Redaktionsgeschichte für den Koran anzunehmen.[39] Danach sind die Verkündigungen Mohammeds teilweise schon zu Mohammeds Lebzeiten und in größerem Ausmaß in den ersten Jahren nach Mohammeds Tod (632 n. Chr.) gesammelt worden. Die Endredaktion des heute vorliegenden Koran ist dementsprechend unter dem 3. Kalifen Uthman (644–656) erfolgt. Nachher habe der Koran keine weiteren Umformulierungen mehr erlebt.

a) Die Offenbarungsgeschichte

Die islamische Sicht der Redaktionsgeschichte des Koran unterstützt die innerhalb der islamischen Theologie systematisierte und bis heute vertretene Lehrmeinung von der Offenbarung, die sich weitgehend – zumindest in den Einzelaussagen – schon im Koran findet. Danach hat Gott dem Menschen wiederholt geoffenbart, was er vom Menschen will. Dies geschah zum erstenmal in der Offenbarung an Adam und historisch zum letzten Male durch Mohammed. Die lange Reihe der Propheten und Gesandten erklärt sich dadurch, daß die Botschaft dieser Propheten immer wieder Veränderungen erfahren hat, weil die Zuhörer und Überlieferer die ursprüngliche Botschaft verkürzt und lückenhaft weitergegeben haben. Bei dem Versuch, auffällige Unebenheiten in der Überlieferung zu überwinden, kam es häufig zu noch größerer Verstrickung im Irrtum. Als eklatantes Beispiel hierfür gilt die christologische Entwicklung innerhalb des Christentums. Der einmal fälschlich eingeschlagene Weg führte nach islamischer Vorstellung – weit über das Neue Testament hinaus – in eine dogmatische Verirrung, die aus islamischer Sicht viel gravierender und verhängnisvoller ist als all das, was im Neuen Testament selbst bereits an ansatzweisem Irrtum festgeschrieben ist. Der Grundirrtum, der hier von den Muslimen angeprangert wird, besteht – um es mit der Sprache moderner christlicher Bibelauslegung zu sagen – darin, daß die Apostel sich nicht damit begnügten, die Botschaft des historischen Jesus von Nazareth zu wiederholen, sondern stattdessen ihn selbst als den Heiland, den Messias, den Christus verkündigten. Der Übergang vom verkündigenden Jesus zum verkündeten Christus aber ist nach Auffassung des Koran und der Muslime eine unzulässige Akzentverschiebung mit erheblichen dogmatischen Folgen, kurz: eine Verfälschung (taḥrīf).

Der Vorwurf der Verfälschung der göttlichen Offenbarung trifft somit nicht nur die mündliche Weitergabe prophetischer Verkündigung, er gilt auch für die schriftlich fixierten Botschaften von Moses und Jesus, d. h. die Bibel als hl. Schrift. Infolgedessen haben die »Schriftbesitzer« (Ahl al-kitāb), nämlich Juden und Christen, zwar an der Offenbarungswahrheit teil, doch ist diese Wahrheit zum Teil getrübt durch mehr oder weniger gravierende Verfälschungen. Auf eine einfache Formel gebracht, könnte man sagen: die Bibel sei eine Mischung von Dichtung und Wahrheit.

Diese Sicht der Dinge erklärt, weshalb jeder weitere Prophet, der die ursprüngliche Botschaft wiederholt, als Künder einer neuen Lehre von den Anhängern der früheren Propheten begriffen wird. In Wahrheit handelt es sich dabei aber nur um das Offenbarwerden der Überlieferungsfehler, um die kritische Scheidung von Dichtung und Wahrheit also und in diesem Sinne um eine Ent-Scheidung für jeden Menschen, die neue Botschaft anzunehmen oder abzulehnen.

Was bisher relativ spekulativ klingt, wurde historisch nach Auffassung der Muslime konkret in der Botschaft Mohammeds. Diese Botschaft – im

Koran gesammelt –, »dies ist die Schrift, an der nicht zu zweifeln ist, (geoffenbart) als Rechtleitung für die Gottesfürchtigen« (Koran 2,1). Im Gegensatz zu den früheren Propheten und Gottesgesandten aber, so betonen die islamischen Theologen, sei Mohammed mit dem ausdrücklichen Auftrag aufgetreten – wie historisch schon vor ihm Mani (216–277 n. Chr.)! – diese Botschaft aufschreiben zu lassen. Die Sammlung dieser Texte, die in 114 Suren (= Kapiteln) von sehr unterschiedlicher Länge eingeteilt und rein formal nach abnehmender Länge (Ausnahme: die kurze erste Sure, al-Fātiḥa = die Eröffnende) geordnet sind, bleibt durch die schriftliche Fixierung von Verfälschungen, wie sie frühere Offenbarungen erfahren haben sollen, verschont. Folgerichtig sind fürderhin keine Wiederholungen der ursprünglichen Botschaft durch neue Propheten mehr erforderlich. Jeder kann diese Botschaft ohne Verfälschung durch Rezitieren des Koran wiederholen.

b) Gott als Autor des Koran

Mohammed schließt somit die lange Reihe der Propheten ab, er besiegelt sie und wird deshalb »das Siegel der Propheten« genannt. Der von ihm verkündete Text ist also nicht von ihm verfaßt. Er hat Gott selbst zum Autor und führt dafür ein rein »profanes« Argument an, nämlich die Unnachahmlichkeit seiner Sprache, das göttlich schöne Arabisch des Koran.[40] Kein Mensch, so wird gesagt, sei fähig, arabische Sätze von der Qualität der Sätze des Koran zu formulieren. Dieses einzigartige Sprachwunder, das im übrigen den Philologen der islamischen Welt wie der westlichen Wissenschaft zahllose Verständnisprobleme aufgibt, wird umso wunderbarer, wenn zutrifft, daß Mohammed selbst relativ ungebildet war, eine Verfasserschaft für den Koran also schon aufgrund von Mohammeds Bildung für ihn selbst ausscheidet. So wird verständlich, daß immer wieder – vor allem in der frühen Zeit des Islam – die Biographen versucht haben, Mohammeds Ungebildetheit zu unterstreichen. Man wurde nicht müde zu betonen, daß er weder lesen noch schreiben konnte, was allerdings für eine adäquate Einschätzung der poetischen Begabung von Beduinen relativ belanglos sein dürfte. Erst durch die Auseinandersetzung mit Christen, die Mohammeds Bedeutung im Vergleich zu Jesus aufgrund fehlender Wunder herabwürdigen wollten, gewann das Mohammedbild Züge eines Wundertäters, was mit den Aussagen des Koran über Mohammed nicht in Einklang gebracht werden kann. Des weiteren gewann das Mohammedbild neue Züge in der islamischen Mystik[41] wie auch in der Moderne.[42]
Die Frage nach dem »historischen Mohammed« soll hier nicht weiter behandelt werden. Die Ausführungen sollen lediglich zweierlei deutlich machen: zum einen sollen sie zeigen, daß Mohammed zum Idealbild verschiedener Tendenzen stilisiert wurde und daher unterschiedliche Züge wichtig wurden, und zum anderen soll verständlich werden, weshalb die Muslime eine historisch-kritische Untersuchung des Koran ablehnen und

den europäischen Islamwissenschaftlern übelnehmen, daß sie den Koran als Werk Mohammeds ansehen.[43]

c) Islamische Textkritik

Lediglich in einer Hinsicht gibt es eine ansatzweise historisch-kritische Betrachtungsweise des Koran: Es hat sich eingebürgert, daß die Muslime die einzelnen Suren (wie aus der Übersetzung des Koran bei Reclam deutlich hervorgeht) im wesentlichen den beiden Hauptverkündigungsphasen im Leben Mohammeds zuordnen. Dementsprechend sind die »mekkanischen Suren« die, die in der Zeit von 610–622 n. Chr. von Mohammed in seiner Geburts- und Heimatstadt Mekka verkündet wurden. Die »medinensischen Suren« sind dann die, die nach der Hiǧra (= Auswanderung; zugleich Beginn der islamischen Zeitrechnung) in der Zeit von 622–632 n. Chr. in Medina verkündet wurden.

Schaut man sich die Suren sprachlich und inhaltlich genauer an, so fällt auf, daß sich die mekkanischen Suren deutlich von den medinensischen unterscheiden. Die erstgenannten sind wortgewaltig, die letztgenannten dagegen oft im Stile präziser Einzelanweisungen. Damit ist zugleich die inhaltliche Seite berührt. In Mekka stehen, so will es scheinen, mehr »theologische Fragestellungen« im Vordergrund. Es geht neben allgemein ethischen Regeln im Sinne der 10 Gebote vornehmlich um das Bekenntnis des einen und einzigen Gottes und um die Frage der Auferstehung; in Medina kommen zu diesen Aussagen konkrete Verhaltensregeln für den zwischenmenschlichen Bereich hinzu.

2. Monotheismus und Ethik

Es muß hier eigens betont werden, daß das Bekenntnis eines einzigen Gottes nicht generell neu war auf der arabischen Halbinsel, wie dies oft islamische Theologen glauben machen möchten, indem sie rundweg die Zeit vor Mohammed als die Zeit der Unwissenheit (Ǧāhilīya)[44] abqualifizieren. Seit langem gab es Juden (allein in Medina wohnten mindestens drei große jüdische Stämme), und es gab Christen sehr unterschiedlicher Prägung im Bereich des heutigen Königreiches Saudi-Arabien. Claus Schedl[45] hat in einer umfangreichen Studie zeigen können, wie stark gerade die Passagen des Koran über Jesus Anspielungen auf und Gedankengänge von Thesen enthalten, die durchaus innerhalb des orientalischen Christentums vertreten wurden und sicherlich in der Umwelt des Propheten Mohammed nicht generell unbekannt gewesen waren, so daß der Prophet mit seiner Botschaft etwas verkündet hat, was auch tatsächlich von seinen Adressaten verstanden wurde.

Während Juden und Christen wohl schon seit längerer Zeit in dieser polytheistischen Umgebung monotheistische Glaubensvorstellungen vertraten, ohne dadurch grundlegende Änderungen in den Anschauungen ihrer Zeitgenossen bewirkt zu haben, scheint die Zeit Mohammeds von einem gewissen Umbruch im Denken geprägt zu sein. Dies ist nach Maxime Rodinson darauf zurückzuführen, daß sich eine merkantile Wirtschaft entwickelte:

»Ein Auflösungsprozeß der Stammesgesellschaft begann. Die großen Märkte wie jener von Okas blühten. Dort begegnete man den Arabern aller Stämme und Ausländern. Der Rahmen des Stammes war gesprengt.

Eine intellektuelle und moralische Wandlung begleitete ganz selbstverständlich diesen wirtschaftlichen und sozialen Wandel. Man stellte fest, daß unersättliche Individuen Erfolg hatten. Es waren nicht mehr die traditionellen Eigenschaften der Söhne der Wüste, die den Erfolg gewährten. Die Habgier, die Gewinnsucht waren bedeutend dringender vonnöten. Die eitlen und eingebildeten Reichen rühmten sich ihres Aufstiegs, der nunmehr ihr eigener war und nicht mehr der des Stammes. Die Blutsbande lockerten sich und verloren gegenüber den auf Interessengemeinschaft gegründeten Banden zunehmend an Bedeutung.

Von nun an tauchten jenseits des Stammeshumanismus neue Werte auf. Die Armen, die Jungen, die Rechtschaffenen mochten wohl angesichts der Selbstherrlichkeit der Emporkömmlinge leiden. Man empfand dunkel, daß das alte Stammesideal, in dessen Namen man diese Leute hätte kritisieren können, seinen Wert eingebüßt hatte. Nun wandte man sich den universalistischen Religionen zu, den Religionen des Individuums, jenen, die nicht mehr den ethnischen Verband betrafen, sondern darauf abzielten, das Heil einer jeden menschlichen Person in ihrer unvergleichlichen Einmaligkeit zu erlangen. Wie wir gesehen haben, waren das Judentum und das Christentum bekannt, wenn auch in bisweilen etwas abirrenden Erscheinungsformen. Aber es waren fremde Ideologien, an die Mächte gebunden, die um die Beherrschung der Arabischen Halbinsel im Streit lagen. Sie besaßen das Prestige des Ausländischen, ihres unbestreitbar der Stammesreligion überlegenen Niveaus, ihrer Bande mit hochangesehenen Zivilisationen. Aber sich zu ihnen bekennen war gleichbedeutend mit einer politischen Parteinahme, und dieser Schritt war für den arabischen Stolz ziemlich demütigend. Es gab Leute, die tastend neue Wege suchten, sich von fremden Ideen leiten ließen, um die Macht der zahllosen Stammesgottheiten in Frage zu stellen und nur den alleinigen Allah zu fürchten, der dem höchsten christlichen und jüdischen Gott so nahe stand.«[46]

In dem so umschriebenen Umbruch scheint die Verkündigung Mohammeds alle wichtigen Erwartungen der Araber erfüllt zu haben. Es ist für diesen Umbruch kennzeichnend, daß seine Verkündigung nicht konkurrenzlos war. Von mindestens einer weiteren wissen die islamischen Historiographen zu berichten: der von Musailima, einer verächtlichen Verkleinerungsform für Maslama, der als Prophet gleichzeitig mit Mohammed bei den Banū Ḥanīfa in Yamāma aufgetreten ist.[47]

27

a) Mohammeds Predigt in Mekka

Mohammeds Predigt in Mekka war – wie vermutlich die des Musailima – konzentriert auf das Bekenntnis des einen Gottes[48] und auf eine allgemeine Moral, der der einzelne entsprechen sollte, um im Gericht nach dem Tode bestehen zu können: »An jenem Tage werden die Menschen (voneinander) getrennt hervorkommen, um ihre (während des Erdenlebens vollbrachten) Werke zu sehen. Wenn dann einer (auch nur) das Gewicht eines Stäubchens an Gutem getan hat, wird er es zu sehen bekommen. Und wenn einer (auch nur) das Gewicht eines Stäubchens an Bösem getan hat, wird er es (ebenfalls) zu sehen bekommen.« (Koran 99, 6-8).[49]

Martin Robbe erklärt die Predigt Mohammeds rein entwicklungs- und sozial-psychologisch. Danach war hauptsächlich zweierlei ausschlaggebend: »Einmal waren dies seine sozialen Erfahrungen. Zwar hatte er es durch seine Heirat zu einer gewissen Wohlhabenheit gebracht, doch nach wie vor sah er sich mit der mekkanischen Oberschicht konfrontiert, die ihren Reichtum mehrte und ihre politische Vorherrschaft ausbaute. So machte er sich zum Sprecher der sozial Benachteiligten. Den Reichen hielt er vor: ›Es beherrscht euch das *Streben nach Mehr,* bis ihr die Gräber besucht.‹ Die Sklaven, forderte er, sollten freigelassen und die Frauen, die Witwen und die Waisen besser behandelt werden.

Zum anderen trat Muhammad dafür ein, die Schranken der Stammesordnung, die das materielle und geistige Leben der Araber beengten, zu sprengen. Die neue, islamische Gemeinschaft, für die er wirkte, sollte allein auf dem gemeinsamen Glauben an Allah beruhen.

Um seine Landsleute aufzurütteln, beschwor Muhammad immer wieder Bilder des Endgerichtes herauf. Diejenigen, die sich seiner Botschaft versagten, sollten dafür bitter büßen. Auf sie wartet die ›Strafe Dschehannams (der Hölle – M. R.) und die Strafe des Verbrennens.‹ Sengenden Wüstenwind müssen sie atmen. Um ihren Durst zu stillen, haben sie nur siedendes, stinkendes Wasser. Die einzige Speise, die ihnen geboten wird, ist ekelhaft, und schattenspendend ist allein der schwelende Rauch. Ganz anders wird es den Gläubigen ergehen. Sie sollen in einen herrlichen Garten kommen, in denen (sic!) Bäume kühlen Schatten spenden und Bäche frisches, erquickendes Wasser führen. Auf weichen Kissen von Seide und Brokat werden sie ruhen. Köstliche Weine und wohlschmeckende Früchte werden ihnen geboten, und zarte, jungfräuliche Mädchen harren ihrer.

Muhammad geriet durch sein Auftreten in eine komplizierte Situation. Sein sozialer Protest brachte ihm Anhänger aus den ärmeren und mittleren Schichten, zugleich jedoch den Widerstand der reichen Sippen. Andererseits: Lag die Brechung der Stammesordnung nicht auch im Interesse gerade der Reichen? Bot ihnen das nicht die Möglichkeit, ihren Reichtum ungehindert mehren zu können? In diesem Punkt jedenfalls sprach Muhammad Interessen der Oberschichten an, wenngleich diese das zunächst nicht überblickten.

So hatte Muhammad ernste Auseinandersetzungen zu bestehen, und seine Lage in Mekka gestaltete sich schwierig. Ihn persönlich schützte seine Stammesbindung. Auch half es ihm, daß einige angesehene Stammesangehörige, darunter Abu Bekr, auf seine Seite traten. Einige seiner Anhänger jedoch, vornehmlich freigelassene Sklaven und Araber ohne feste Sippenbindung, Menschen also, die am ehesten Verfolgungen ausgesetzt waren, mußten nach Äthiopien auswandern.

Doch bald bot sich Muhammad eine günstige Gelegenheit, seine Situation zu bessern.«[50]

»Es gelang dem Propheten, von Mekka aus mit einigen Bewohnern von Medina Verbindung aufzunehmen und sie für seinen Glauben zu gewinnen. Während der Pilgerfahrt des Jahres 621 wurde eine vorläufige, während der des Jahres 622 eine endgültige Abmachung getroffen. Die Neubekehrten von Medina, Angehörige der beiden führenden Stämme Aus und Hazraǧ, bekannten sich in aller Form zur Gemeinschaft der Gläubigen und erklärten sich außerdem bereit, die kollektive Schutz- und Trutzpflicht, die eigentlich seiner Sippe Hāšim oblag, ihrerseits zu übernehmen. Dadurch waren die Voraussetzungen gegeben für eine regelrechte Auswanderung der muslimischen Gemeinde und überhaupt für deren Fortbestand. Bald darauf begaben sich die mekkanischen Gläubigen in kleinen Gruppen und möglichst unauffällig auf den Weg nach Medina, gefolgt von Mohammed in Begleitung Abu Bekrs, des nachmaligen ersten Kalifen (September 622). Das war die berühmte Hiǧra. Man übersetzt diesen arabischen Ausdruck oft ungenau mit ›Flucht‹, sollte aber eher ›Auswanderung‹ oder noch besser ›Emigration‹ dafür sagen. Mohammed ist aus seiner Vaterstadt nicht eigentlich geflohen. Er hat sich – allerdings unter dem Zwang der Verhältnisse – von ihr losgesagt; er hat die natürlichen Beziehungen zu seiner Sippe und seinem Stamm abgebrochen, um unter den Bewohnern von Medina eine neue Heimat und zugleich eine neue Stätte der Wirksamkeit zu finden. Er ist, kurz gesagt, nach Medina emigriert.«[51]

b) Die Verfassung von Medina

Für die Auswanderer und die Helfer schrieb Mohammed eine Urkunde, in der er auch mit den Juden eine vertragliche Einigung traf, diese in ihrer Religion und ihrem Besitz bestätigte und die gegenseitigen Verpflichtungen festlegte. Der Text, allgemein als »Verfassung von Medina« bekannt, gilt im großen und ganzen als authentisch, obwohl seine genaue Entstehungszeit bis heute umstritten ist. Vermutlich ist er in der überlieferten Form eine Komposition aus verschiedenen und zu verschiedenen Zeiten entstandenen Elementen. Auch inhaltlich bleibt manches problematisch, und die Übersetzung ist nicht immer gesichert. Der Text selbst, der nicht im Koran steht, sondern der außerkoranischen Überlieferung der Muslime entnommen ist, lautet:

»Im Namen des barmherzigen und gütigen Gottes. Dies ist eine Urkunde von Mohammed, dem Propheten Gottes, über die Beziehungen zwischen den gläubigen Muslimen von *Quraisch* und Jathrib (Medina), jenen die ihnen folgen, sich ihnen angeschlossen haben und zusammen mit ihnen kämpfen. Sie sind *eine* Gemeinde in Unterscheidung zu den anderen Menschen. Die Auswanderer von den Quraisch sollen, entsprechend ihrer bisherigen Sitte, gemeinsam die Blutschuld unter sich bezahlen und ihre Gefangenen auslösen mit der Billigkeit und Gerechtigkeit, wie sie unter den Muslimen üblich sind. Die Banu *Auf* zahlen ihre Blutschuld entsprechend ihrer bisherigen Sitte und jede Untergruppe löst ihre Gefangenen aus, entsprechend der Billigkeit und Gerechtigkeit unter den Muslimen. Ebenso die Stämme *Sâ'ida, Hârith, Dschuscham, Naddschâr, Amr* ibn Auf, *Nabît* und *Aus*. Die Gläubigen geben keinen Schuldner unter ihnen auf, sondern helfen ihm nach Billigkeit, seine Auslösesumme oder das Blutgeld zu zahlen. Ein Gläubiger schließt kein Bündnis mit dem Freigelassenen eines anderen Muslims ohne dessen Zustimmung. Die gottesfürchtigen Gläubigen stellen sich gegen jeden, der ungerecht gegen sie handelt oder versucht, Unrecht, Sünde, Feindschaft und Verderbtheit unter die Gläubigen zu streuen; gemeinsam wenden sie ihre Hände gegen ihn, und sei es der Sohn eines von ihnen. Ein Gläubiger tötet keinen Gläubigen wegen eines Ungläubigen und hilft keinem Ungläubigen gegen einen Gläubigen. Gottes Schutz ist ein einziger; gibt auch nur der geringste von ihnen einem Fremden Schutz, so ist dies für alle verpflichtend. Die Gläubigen stehen – gegenüber den anderen Menschen – gegenseitig in einem Verhältnis wie Herr und Freigelassener. Die Juden, die uns folgen, genießen die gleiche Hilfe und Unterstützung, solange sie die Gläubigen nicht ungerecht behandeln und andere gegen sie unterstützen. Der Friede der Gläubigen ist ein einziger. Kein Gläubiger schließt für sich gegen einen anderen Gläubigen einen Frieden im Kampf für Gott, es sei denn auf der Grundlage von Gerechtigkeit und Gleichheit. Auf jedem Feldzug wechseln sich die Reiter in der Führung ab. Die Gläubigen rächen für einander das im Heiligen Kampf vergossene Blut. Die gottesfürchtigen Gläubigen stehen unter der besten und richtigsten Rechtleitung. Kein Ungläubiger aus Medina gewährt den Quraisch Schutz für Güter oder Personen, noch setzt er sich für einen Quraischiten gegen einen Gläubigen ein. Wenn jemand ungerechterweise einen Gläubigen tötet und dabei die Unrechtmäßigkeit eindeutig ist, dann ist jener der Vergeltung unterworfen, es sei denn, der Vertreter des Ermordeten ist mit einer Zahlung zufrieden. Alle Gläubigen stehen gemeinsam gegen den Mörder und sind verpflichtet, sich gegen ihn zu wenden. Einem Gläubigen, der dem Inhalt dieser Urkunde zugestimmt hat und an Gott und den Letzten Tag glaubt, ist es nicht erlaubt, einem Übeltäter zu helfen oder ihm Zuflucht zu gewähren. Auf dem, der dies dennoch tut, liegen der Fluch und der Zorn Gottes am Tage der Auferstehung, und durch nichts kann er sich dafür entschädigen. In jeder Frage, in der ihr uneins seid, wendet euch an Gott und Mohammed. Die Juden tragen ihre eigenen Unkosten, solange sie zusammen mit den Muslimen kämpfen. Die Juden im Stamme Auf bilden mit den Gläubigen eine Gemeinde. Den Juden ihre Religion und den Muslimen die ihre! Dies gilt für ihre Freunde wie für sie selbst, es sei denn, einer hat unrecht oder sündhaft gehandelt; er bringt Unheil nur über sich und seine Familie. Dies gilt gleichermaßen für die Juden in den Stämmen *Naddschâr, Hârith, Sâ῾ida, Dschuscham, Aus, Tha῾laba,* Dschafna, einem Unterstamm der Tha῾laba, und Schutaiba. Treue geht vor Verrat. Für die Klientel der Tha῾laba gilt das gleiche und ebenso für die engen Freunde der Juden. Niemand aus der Gemeinde zieht ohne die Erlaubnis Mohammeds in den Kampf, doch wird er nicht daran gehindert, Rache für eine Verwundung zu nehmen. Wer immer vorschnell jemand tötet, vernichtet nur sich selbst und seine Familie, es sei denn, jener hat Unrecht getan: Gott wird mit ihm zufrieden sein. Die Juden tragen ihre Unkosten und ebenso die Muslime die ihren. Sie helfen einander gegen jeden, der gegen die Leute dieser Urkunde kämpft. Zwischen ihnen herrscht echte Freundschaft und Treue ohne Verrat. Ein Mann ist nicht schuld für den Verrat seines Bundesgenossen. Wem Unrecht geschieht, dem wird geholfen. Die Juden tragen ihre eigenen Unkosten, solange sie zusammen mit den Muslimen kämpfen. Das Tal von Jathrib (Medina) ist ein Heiligtum für die Leute dieser Urkunde. Der unter dem Schutz stehende Fremde wird behandelt wie derjenige, der ihm Schutz gewährt, solange er nicht schadet und keinen Verrat begeht. Einer Frau wird nur mit Zustimmung ihrer Familie Schutz gewährt. Immer wenn zwischen den Leuten dieser Urkunde etwas geschieht oder zwischen ihnen Streit entsteht, woraus Unheil zu befürchten ist, so ist dies Gott und Mohammed, seinem Gesandten, vorzulegen. Gott nimmt aus dieser Urkunde an, was am frömmsten und rechtschaffensten ist. Den Quraisch und ihren Helfern wird kein Schutz gewährt. Die Leute dieser Urkunde helfen sich gegen jeden der Jathrib überfällt. Wenn die Juden zu einem Friedensschluß aufgerufen werden, so tun sie es und halten ihn ein. Und wenn sie die gleiche Forderung an die Gläubigen stellen, so tun diese es ebenso, es sei denn, sie kämpften für den Glauben. Jeder erhält den Schutz von seiner Seite. Die Juden vom Stamme Aus, ihre Schutzbefohlenen wie sie selbst, haben die gleichen Rechte und Pflichten wie die Leute dieser Urkunde, solange sie sich diesen gegenüber aufrichtig verhalten. Treue geht vor Verrat. Jeder, der etwas erwirbt, erwirbt es für sich selbst. Gott billigt diese Urkunde. Sie schützt nicht den Übeltäter und den Sünder. Derjenige, der auszieht zum Kampf, ist in Medina sicher wie derjenige, der nichts unternimmt, solange er nicht Unrecht oder Verrat begeht. Gott schützt jeden, der aufrichtig ist und ihn fürchtet. Und Mohammed ist der Prophet Gottes.«[52]

c) Mohammeds Predigt in Medina

Die Gemeinde von Medina ist für die Muslime das Urbild der islamischen Gemeinschaft *(Umma)* überhaupt. Nicht die Blutsbande, also Sippen- und Stammeszugehörigkeit, zählen, sondern die gemeinsame Religion wird zum gemeinschaftstiftenden Faktor. Nur so ist zu verstehen, daß bis heute der Abfall vom Glauben als ein Akt gegen die Gemeinschaft ausgelegt und entsprechend hart bestraft wird.[53] Zugleich wird verständlich, daß nun die Regeln des menschlichen Zusammenlebens konkret und wirklichkeitsnah formuliert werden.

Im Gegensatz zum Christentum, das bekanntlich am Rande des römischen Reiches entstanden ist und die ersten Jahrhunderte seines Bestehens ohne öffentliche Anerkennung zugebracht hat, hatte der Islam seit der Hiğra politisch Erfolg. Er konnte sich nicht mehr mit allgemeinen Aufrufen – vergleichbar denen der Bergpredigt – begnügen, sondern war in den Realismus praktikabler Lösungen hineingedrängt. Wie sehr die Anweisungen der medinensischen Zeit ins Detail gehen können, mag folgende Koranstelle zeigen: »Und die Mütter (die von ihren Gatten entlassen sind) sollen ihre Kinder zwei volle Jahre stillen. (Das gilt) für die, die das Stillen ganz zu Ende führen wollen. Und der Vater (der betreffenden Kinder) ist verpflichtet, (während dieser Zeit) ihren Unterhalt und ihre Kleidung in rechtlicher Weise zu bestreiten. Von niemand wird mehr verlangt, als er (zu leisten) vermag. Eine Mutter soll nicht wegen ihres Kindes schikaniert werden, und ein Vater nicht wegen des seinen. Und der Erbe (des Vaters) hat (für den Fall, daß dieser stirbt) dieselbe Verpflichtung (gegenüber der stillenden Mutter). Und wenn die beiden nach gegenseitiger Übereinkunft und Beratung (das Kind vor der angegebenen Zeit) entwöhnen wollen, ist es keine Sünde für sie (dies zu tun). Und wenn ihr eure Kinder (einer Amme) zum Stillen geben wollt, ist es keine Sünde für euch (dies zu tun), wenn ihr das, was ihr (als Lohn für das Stillen?) ausgesetzt habt, in rechtlicher Weise aushändigt. Und fürchtet Gott! Ihr müßt wissen, daß Gott wohl durchschaut, was ihr tut.« (Koran 2, 233)

Eine solche Verkündigung – und das wissen auch die islamischen Korankommentatoren – erging gewöhnlich aus einem konkreten historischen Anlaß. Allerdings nahm die Lösung des konkreten Problems dann meist die deklamatorische Form eines Grundsatzurteils an. Am bekanntesten diesbezüglich ist sicherlich die Antwort des Propheten auf die Verdächtigung seiner Lieblingsfrau Aischa, sie habe ihn betrogen, indem sie sich einem anderen Mann hingegeben habe. Mohammed hat sie von diesem Verdacht aber freigesprochen, weil – wie Koran 4, 15 seither grundsätzlich fordert – 4 Zeugen erforderlich sind, die im konkreten Falle nicht verfügbar waren.

d) Die Abrogationsproblematik

Aufgrund der erwähnten Präzedenzfallslösungen konnte es durchaus vorkommen, daß in einer konkreten Situation eine Anweisung erfolgte, die in einem gleichartigen Fall später anders ausfiel. Sind beide Anweisungen im Koran enthalten, so hebt – ähnlich wie bei unserem Umgang mit verschiedenartigen Anordnungen in unterschiedlichen Testamenten eines Verstorbenen – die zeitlich spätere die frühere auf[54], d. h. daß Abrogationen koranischer Anweisungen zu Lebzeiten Mohammeds durchaus möglich waren und tatsächlich auch vorkamen. Problematisch wurde dieses Vorgehen erst für die Zeit nach dem Tode Mohammeds, als die Schiiten unter der Voraussetzung, daß ihr Führer (Imam) zugleich auch Kalif ist, diesem ebenfalls ein solches Recht für die umma zuschrieben, während die überwiegende Mehrheit der Muslime, die Sunniten (heute ca. 95% aller Muslime), eine solche Möglichkeit nicht mehr einräumte.

Der Hinweis auf diese Präzedenzfallslösungen und die Abrogationsproblematik macht deutlich, daß mit der Sammlung der Verkündigungstexte und der Redaktion des Koran bei weitem noch kein fertiges Handbuch der islamischen Ethik oder Rechtsverordnungen vorlag. Es war folglich die Aufgabe der ersten Theologen- und Juristengenerationen des frühen Islam, aus den koranischen Bausteinen ein kohärentes System zu entwickeln.

3. Das koranische Menschenbild

Die Aufgabe, die Einzelaussagen des Koran in einen logischen Systemzusammenhang zu bringen, erwies sich bald als sehr schwierig und führte rasch zu unterschiedlichen Gewichtungen und Lehrmeinungen, die die Einheit der islamischen Gemeinschaft gefährdeten, ja sogar sprengten. Zum zentralen Streitpunkt wurde in der dogmatischen Entwicklung die Frage nach dem Verhältnis von Gottes Allmacht und menschlicher Handlungsfreiheit.

a) Gottes Allmacht und menschliche Handlungsfreiheit

Gott wird im Koran als »Schöpfer von allem« (Koran 6, 102) gesehen, der »tut, was er will« (Koran 11, 107), denn »Gott führt nun irre, wen er will, und leitet recht, wen er will. Er ist der Mächtige und Weise.« (Koran 14, 4) Ja selbst die Taten des Menschen entspringen der Schöpferkraft Gottes.[55] Deshalb kann theologisch aš-Šahrastānī (gest. 1153 n. Chr.) folgern: »Gott ist der Herr. Er schaltet mit seinen Sklaven, wie er will, mögen sie schuldig oder unschuldig sein.«[56] Oder al-Ašʿarī (gest. 935 n. Chr.): »Und überdies ist bewiesen worden, daß alle kontingenten Dinge durch Gott – gepriesen sei er! – erschaffen wurden; denn wenn es unmöglich ist, daß Gott der Schöpfer etwas tut, was er nicht will, so ist (auch) unmöglich, daß etwas durch einen anderen geschieht, was er nicht will. Alles Tun nämlich geht auf Gott – gepriesen sei er! – zurück!«[57]

Diesen eindeutigen Aussagen widersprechen nach dem Gesetz des Widerspruchs in der Logik all die Koranstellen, die den Menschen auffordern, Gottes Anweisungen gehorsam zu befolgen. Offensichtlich wird hier das Tun des Menschen – zumindest teilweise – von der Entscheidung des Menschen abhängig gemacht und dies so, daß Gott im gerechten Abwägen der guten und der bösen Taten nach dem Tode des Menschen für diesen den Himmel bzw. das Paradies als Lohn oder die Hölle als Strafe bereithält.[58]

Die islamische Theologie ist der Zweigleisigkeit dieser Aussagen nachgegangen. Einzelne theologische Schulrichtungen sind entstanden, die mehr die eine oder mehr die andere Seite betont haben.[59] Da Gott gerecht ist, so argumentierten im frühen Islam die Mu'taziliten, könne er sich nicht willkürlich bei seinem Urteil über die Taten des Menschen hinwegsetzen, andererseits setze eine solche Beachtung der Taten einen zumindest relativ frei handelnden Menschen voraus.

Zur klassischen Formel wurde für die offizielle Theologie der Sunniten, also der überwiegenden Mehrzahl der Muslime, bis heute die einer bestimmten theologischen Schule, die auf den bereits erwähnten Theologen al-Aš'arī zurückgeht und nach ihm die ascharitische Schule genannt wird. Diese Formel versucht, Gottes Mitwirkung beim Handeln des Menschen deutlich zu machen und dennoch die Verantwortung dafür allein dem Menschen zu übertragen. Demnach – um es an einem Beispiel zu zeigen – gibt Gott dem Mörder die Kraft, den Mord auszuführen – er läßt den Täter z. B. kurz vor der Tat weder ohnmächtig werden noch die Treppe herunterfallen und trägt insofern zum Gelingen der Tat bei –, andererseits liegt die Verantwortung für den Mord allein beim Mörder, der den Mord will und sich dadurch das, was er an Tötungsaktion mit Gottes Hilfe zustande bringt, »aneignet«. Gott bleibt so die eigentliche und erste Ursache von allem, was geschieht, während durch die »Aneignung« (*kasb* bzw. *iktisāb*) der Mensch die Tat als seine, eben eine gute oder böse, übernimmt, eine Vorstellungsweise, die auch der christlichen Theologie des scholastischen Mittelalters nicht fremd ist.[60]

Eine derart abgewogene Formel führte im Bewußtsein der einfachen Leute leicht zu Überbetonungen in der einen oder anderen Hinsicht. Ihr wohnt gewissermaßen die Tendenz inne, Gottes uneingeschränkte Schöpfertätigkeit einseitig zu apostrophieren. Dieser Tendenz war zusätzlich förderlich, daß die islamischen Theologen der ascharitischen Schule jede Naturgesetzlichkeit ablehnten, indem sie von der permanenten Neuerschaffung der Welt durch Gott in jedem Augenblick ausgingen und deshalb das, was wir »Naturgesetz« nennen, lediglich als eine »Gewohnheit« Gottes, alles immer wieder auf gleiche Weise zu erschaffen, ansahen, einen »Bruch der Gewohnheit« (= Wunder) aber stets einkalkulierten. Gott ist folglich die eigentliche Ursache von allem in der Welt, von den

Geschehnissen und Veränderungen in der Natur ebenso wie vom Tun der Menschen, die durch »Aneignung« Gutes und Böses tun.

b) Zur Anthropologie

Die »Aneignung« erklärt einigermaßen einsichtig, weshalb es zu bösen Taten kommen kann, obwohl Gott der »Schöpfer von allem« ist. Sie kann aber nicht erklären, wie es zur Versuchung und zur Neigung zum Bösen kommt; auch die Existenz des Teufels bietet im Rahmen dieser monotheistischen Allmachtsvorstellung hierfür keine ausreichende Erklärung.[61] Gegenüber all diesen Spekulationen ist das koranische Menschenbild realistisch und simpel zugleich.[62] Es ist jedoch nirgends explizit dargestellt, lediglich einzelne Bemerkungen – oft eher beiläufig eingestreut – lassen es als Mosaik entstehen. Dabei fällt auf, daß der Mensch weder durchweg positiv noch ausschließlich negativ gezeichnet ist. Der Mensch, zu dessen Besonderheit innerhalb der Schöpfung die Wahlfreiheit zwischen Gut und Böse gehört, erscheint im Koran selbst im Lichte dieser Bipolarität.

Er wird positiv geschildert als das edelste Werk der Schöpfung, von schöner, harmonischer Gestalt (vgl. Koran 95, 4; 40, 64; 64, 3), mit »Gehör, Gesicht und Verstand« (Koran 67, 23), mit Augen, Zunge und Lippen (Koran 90, 8 f) ausgestattet. Die Erde ist ihm untertan (Koran 67, 15), denn der Mensch ist eingesetzt als »Nachfolger« (ḫalīfa, in Koran 2, 30), gewissermaßen als Statthalter des Schöpfers. Sein Rang ist derart erhaben, daß sogar die Engel vor Adam niederfallen und ihn anbeten sollten (vgl. Koran 2, 34).[63]

Der hohe Rang des Menschen ging durch den Sündenfall im Paradies nicht verloren, da der Koran/Islam ähnlich wie das Judentum zwar um den Verlust des Paradieses durch die Sünde Adams weiß, eine Erbsündelehre aber, der zufolge der Mensch schlechthin ein nicht mehr heiles, weil im tiefsten Kern seines Wesens gebrochenes Wesen ist, weder kennt noch anerkennt.

Getrübt wird diese positive Sicht des Menschen durch die Neigung zum Bösen. »Die (menschliche) Seele verlangt (nun einmal) gebieterisch nach dem Bösen« (Koran 12, 53). Treffend wird das Verhalten des Menschen charakterisiert, wenn es heißt: »Und wenn Gott den Menschen das Unheil (das für sie bestimmt ist, eben) so eilig zukommen ließe, wie sie es mit dem Guten eilig haben, wäre ihre Frist (schon) für sie entschieden (und sie wären dem Tod verfallen). Aber nun lassen wir diejenigen, die nicht damit rechnen, uns (am Tag des Gerichts) zu begegnen, in ihrer Widersetzlichkeit (verharren), so daß sie (zuletzt) weder aus noch ein wissen. Und wenn über den Menschen Not kommt, betet er zu uns im Liegen, Sitzen oder Stehen. Aber nachdem wir seine Not behoben haben, geht er dahin, wie wenn er (überhaupt) nicht zu uns deswegen gebetet hätte« (Koran 10, 11 f). Ja, »wenn Not über den Menschen kommt, betet er zu seinem Herrn, indem er sich (bußfertig) ihm zuwendet. (Aber) wenn dieser ihm hierauf Gnade

35

erweist, vergißt er, weswegen er vorher (so inständig zu ihm) gebetet hat«
(Koran 39, 8) und verfällt erneut in ein sündhaftes Leben. Er *vergißt* Gott.
Erst in der Not erinnert er sich seiner wieder.
»Wenn nun Not über den Menschen kommt, betet er zu uns. (Aber) wenn
wir ihm hierauf Gnade erweisen, sagt er (indem er so tut, als ob das
selbstverständlich wäre): ›Ich habe es auf Grund von Wissen erhalten‹.«
(Koran 39, 49)
Die zitierten Stellen beschreiben den verzagten Menschen, der sich hilfesu-
chend in Not und Bedrängnis an seinen Gott wendet. Erhält er, worum er
bittet, so vergißt er sogleich seine Not *und* die erwiesene Gnade, so daß
man mit dem Koran zu sagen geneigt ist: »Der Mensch ist (eben) ausgesprochen undankbar *(kafūr)*« (Koran 43, 15). Wird ihm das Erbetene
dagegen nicht gewährt, so gedenkt er auch nicht früherer Gnadenerweise,
sondern verharrt in seiner Verzagtheit, d. h. in der Sprache des Koran:
»Und wenn wir den Menschen eine Probe unserer Barmherzigkeit erleben
lassen und sie ihm hierauf (wieder) entziehen, ist er ganz verzweifelt und
undankbar« (Koran 11, 9), denn Gott »hat euch allerlei gegeben, worum
ihr ihn batet. Wenn ihr die Gnade Gottes (im einzelnen) errechnen wollt,
könnt ihr sie (überhaupt) nicht zählen. Der Mensch ist (sofern er all diese
Gnadenerweise nicht anerkennt) wirklich frevelhaft und undankbar« (Koran 14, 34).
Der Koran schildert den verzagten Menschen in seiner Erbärmlichkeit,
dem der Hilferuf an Gott als rettender Ausweg aufleuchtet (vgl. u. a. Koran
41, 49). Der Koran weiß aber auch um den frohen Menschen, der, der Tage
der Not und Hilfe nicht mehr eingedenk – gleichsam undankbar –, sich
selbstherrlich und aufsässig gegenüber Gott gebärdet. »Nein! Der Mensch
ist wirklich aufsässig, daß er sich für selbstherrlich hält« (Koran 96, 6 f).
Noch weitere negative Eigenschaften hebt der Koran hervor: eine davon ist
das Nicht-warten-können. »Der Mensch ruft (zu Gott ebenso bereitwillig)
um das Unheil (indem er flucht?), wie er (zu ihm) um das Gute ruft (indem
er ihn um seinen Segen bittet). Er hat es allzu eilig« (Koran 17, 11; ähnlich
Koran 21, 37). Diese Eile, das Nicht-warten-können, ist Ausdruck seiner
Ungeduld, seiner Ängstlichkeit. All dies unterstreicht die Tatsache, daß
der Mensch »von Natur kleinmütig *(halū')*« (Koran 70, 19) und »schwach«
(Koran 4, 28) ist. Dem entspricht auch die Knauserigkeit des Menschen
(vgl. Koran 17, 100). Ungeduld und Ängstlichkeit aber schlagen leicht in
Aggression, Rechthaberei und Streitsüchtigkeit (vgl. Koran 36, 77; 18, 54)
um, sie sind gewissermaßen die psychologischen Komplementärkompo-
nenten des Aufsässigen, des Rebellen (vgl. Koran 96, 6).
Aufsässigkeit und Undankbarkeit kehren unter den negativen Eigenschaf-
ten immer wieder. Der Ungehorsam Gott gegenüber kann nur durch
Ergebenheit (arab.: *Islām*) in Gottes Willen überwunden werden. Die
Undankbarkeit im koranischen Sinne wurde durch Wortbildungen aus den
Radikalen *kfr* ausgedrückt. Eben diese Radikale *(kfr)* kehren bei den
Termini zur Bezeichnung des Unglaubens wieder, so daß »Undankbar-

keit« und »Unglaube« sprachlich miteinander verwandt sind. Was Wunder, daß der Gläubige einer ist, der sich im Gottgedenken *(ḏikr)* der Gnadenerweise und Wohltaten Gottes erinnert. Zu dieser Erinnerung gehört auch die Beachtung der koranischen Anweisungen für gottgefälliges Handeln. Denn schließlich wurde der Koran geoffenbart »als Rechtleitung für die Gottesfürchtigen« (Koran 2, 2).

Die Erfüllung des göttlichen Willens macht den Menschen zum wahrhaften *ʿabd,* zum Diener Gottes, und führt ihn somit zu seiner eigentlichen Wesensbestimmung. Dazu wurde er erschaffen. Wörtlich heißt es im Koran: »Und ich habe die Dschinn (= Geister – P. A.) und die Menschen nur dazu geschaffen, daß sie mir dienen« (Koran 51, 56).

Das Zitat belegt zugleich, daß alle positiven Aussagen über den hohen Rang des Menschen innerhalb der Schöpfung die unendliche Distanz zwischen dem transzendenten Gott und der Schöpfung nicht verwischt haben. »Entgegen der biblisch orientierten christlichen Theologie, die nicht einfach von Gott, sondern von ›Gott und Mensch‹ im Zentrum des Geschehens, von einer Personalunion zwischen ›Gott und Mensch‹ redet, ist der Islam eifrig darauf bedacht, jeden Gedanken an eine Teilhaberschaft des Menschen an der göttlichen Einmaligkeit aus dem Bewußtsein seiner Gläubigen zu verdrängen.«[64]

Gott ist Gott, und Theo-logie ist die Lehre von Gott allein. Der Mensch ist daher kein Thema für die islamische Theologie, sofern man von der theologischen Problematik einer genauen Bestimmung des Verhältnisses von göttlicher Allmacht und menschlicher Handlungsfreiheit einmal absieht. Die islamische Anthropologie gehört vielmehr in den Bereich des islamischen Rechts *(fiqh* bzw. im weiteren Sinne *šarīʿa).* Gut und Böse ist inhaltlich durch göttliche Setzung in der Offenbarung festgelegt, und es liegt am Menschen, an seinem guten Willen[65], sich daran zu halten. Dabei übersteigt die Fülle der Anweisungen und ihre Systematisierung durch die šarīʿa bei weitem das, was man gewöhnlich unter den religiösen Pflichten des Muslim versteht. Während die religiösen Pflichten das Glaubensleben des Muslim im allgemeinen betreffen, greift der islamische Sittenkodex detailliert in die Lebensführung des einzelnen Muslim ein und regelt die Einzelheiten für Bereiche, die unserem westlichen Empfinden entsprechend oft kaum noch eine Beziehung zur Religion erkennen lassen und die unten als »Ethik des Einzelnen« vorgestellt werden.

c) Die religiösen Pflichten

Die sog. *fünf Pfeiler* bzw. *Säulen* (arkān) des Islam werden in praktisch allen Einführungen zum Islam abgehandelt[66] und können deshalb hier sehr kurz dargestellt werden. Es handelt sich dabei um:

1. das *Glaubensbekenntnis* (šahāda), dessen offizielle Formulierung lautet: »Ich bezeuge, es gibt keine Gottheit außer Gott (Allāh), und ich bezeuge, Mohammed ist der Gesandte Gottes.« Wer diesen Satz in seinem

arabischen Wortlaut dreimal hintereinander wiederholt, ist Muslim. Jede andere Form des Übertrittes zum Islam ist kulturell bedingt und kann infolgedessen wieder verändert werden.

2. das fünfmalige tägliche *Gebet* (ṣalāt), das den Gläubigen daran erinnert, daß er mit all seinem Tun vor Gott steht. Dieses Gebet ist hinsichtlich der Wortwahl, der Körperhaltung und der Tageszeit – dem Brevier christlicher Mönche vergleichbar – genau festgelegt.[67] Das Gebet in der Gemeinschaft ist dabei dem Gebet alleine vorzuziehen.[68]

3. die *zakāt*, die Almosensteuer, die bereits oben (S. 18 f) erwähnt wurde. Sie macht deutlich, daß man nicht nur »im stillen Kämmerlein« Muslim ist, sondern daß eine ernsthafte Religionsausübung auch eine Verpflichtung gegenüber dem Glaubensgenossen bzw. dem Mitmenschen einschließt.

4. das Fasten im Monat *Ramaḍān*, der infolge des islamischen Mondjahres durch alle Jahreszeiten hindurch wandert und die Willensanstrengung der Muslime auf eine harte Probe stellt. Mann und Frau – Kinder, Kranke, Reisende außerhalb der islamischen Welt und alte Menschen ausgenommen – dürfen einen ganzen Monat lang zwischen Sonnenaufgang und Sonnenuntergang keinerlei Nahrung oder Flüssigkeit zu sich nehmen. Auch Rauchen und Geschlechtsverkehr sind am Tage im Fastenmonat verboten.

5. die *Wallfahrt* nach Mekka (ḥaǧǧ) im Wallfahrtsmonat Ḏū l-ḥiǧǧa. Jeder Muslim soll an ihr wenigstens einmal im Leben teilnehmen, sofern seine finanziellen Verhältnisse und die äußeren Umstände dies erlauben. Durch die Teilnahme am Ḥaǧǧ darf er dann den Ehrentitel »Ḥaǧǧī« (= Hadschi bei Karl May) tragen.

Die fünf Pfeiler machen deutlich, daß sehr unterschiedliche Bereiche erfaßt sind. Sie reichen vom Glaubensinhalt (šahāda) über das Gebet (ṣalāt) bis zur sozialen Verantwortung (zakāt). Sowohl individuelle als auch soziale Aspekte im Sinne eines je neu unter Beweis zu stellenden Solidaritätsempfindens beinhaltet das Einhalten des Ramaḍān, während der Ḥaǧǧ in erster Linie einer Art »Selbstheiligung« dient.

Der politische Aspekt der Solidargemeinschaft kommt schließlich durch eine andere Verpflichtung zum Ausdruck, die für viele Muslime gleichrangig mit den fünf vorher genannten ist: der Pflicht zur Teilnahme am *Ǧihād*. Etymologisch meint »ǧihād« eine besondere »Anstrengung«. Doch schon zu Mohammeds Lebzeiten konnte diese Anstrengung durchaus militärischer Art sein. Es war ein »Glaubenskrieg«, ein »Kampf um Gottes willen« gegen die Ungläubigen, den der Prophet in Medina energisch propagierte (vgl. Koran 9, 5 ff. 14. 29; 2, 187 ff; 4, 76–80. 91. 96; 8, 40; 9, 44 f). Den Gefallenen wird (wie den christlichen Märtyrern) das Paradies zuteil (Koran 8, 66; 9, 112; 4, 97 f; 3, 163; 2, 149).

Seine juristische Ausfaltung im Sinne des »hl. Krieges« erhielt »ǧihād« sicherlich durch die im islamischen Recht geläufige Grobeinteilung der Welt in zwei Lager: »das Haus des Islam« (dār al-Islām) und »das Haus des Krieges« (dār al-ḥarb). Zur Verteidigung des »Hauses des Islam« und zur

Ausweitung seines Bereiches im Sinne der Einführung der islamischen Ordnung ist der »ǧihād« als probates Mittel gefordert.[69]

Maudoodi (gest. 1979 n. Chr.) schreibt hierzu: »Die außerordentliche Opferbereitschaft, selbst das eigene Leben hinzugeben, müssen alle Muslime aufbringen. Wenn sich jedoch ein Teil der Muslimen erbietet, am Dschihād teilzunehmen, so ist damit die ganze Gemeinde von ihrer Verantwortung entbunden. Tritt aber niemand freiwillig hervor, dann ist jeder einzelne verantwortlich. Dieses Zugeständnis wird in dem Moment für die Bürger eines islamischen Staates ungültig, wenn dieser von Nichtmuslimen angegriffen wird. In diesem Fall muß jeder zum Dschihād bereit sein. Wenn das angegriffene Land nicht stark genug ist, um sich allein zu verteidigen, dann ist es die religiöse Pflicht der benachbarten Muslim-Länder, ihm zu helfen; doch wenn auch sie zu schwach sind, dann müssen die Muslimen der ganzen Welt den gemeinsamen Feind bekämpfen. In all diesen Fällen ist der Dschihād eine genauso unerläßliche und primäre Pflicht der betreffenden Muslimen wie das tägliche Gebet oder das Fasten. Wer dem zu entkommen sucht, ist ein Sünder, ja, seine Behauptung, ein Muslim zu sein, wird dadurch zweifelhaft.«[70]

Die Ausführungen des theologisch konservativ ausgerichteten Maudoodi zeigen die eminent politischen Implikationen des ǧihād-Begriffes. Es ist wichtig, deshalb eigens darauf hinzuweisen, daß die Muslime bei ihrem Missionseifer wesentlich mehr staatspolitische Interessen verfolgt haben als beispielsweise die Christen. Individualbekehrungen, das Heil für den Einzelnen also, standen bei weitem nicht so sehr im Vordergrund.[71] So gestanden sie den »Schriftbesitzern«, d. h. den Juden, Christen und Zoroastriern, eine Art »Gastrecht« (dimma) innerhalb des »Hauses des Islam« zu, belegten diese Leute allerdings mit einer »Kopfsteuer«[72] in der Erwartung, daß ihnen ihr Glaube so »teuer« sei, daß sie diese Steuer entrichten. Der Verlauf der Geschichte zeigt, daß sie sich hierbei – jedenfalls was die Christen angeht – weitgehend verrechnet haben.[73]

In neuester Zeit wird der »ǧihād«-Begriff gerne in übertragener Bedeutung verwandt. »Ǧihād« heißt dann oft Kampf gegen Hunger, Elend und Unterentwicklung.

Der ǧihād und die fünf Säulen des Islam betreffen, so wurde bereits festgestellt, das Glaubensleben des Muslim im allgemeinen. Richtschnur für sein Handeln im Alltag mit all den vielen kleinen und großen Problemen aber ist der islamische Sittenkodex, der dem Einzelnen zur ethischen Orientierung dient.

III. Die Ethik des Einzelnen

Die fünf Säulen des Islam haben anschaulich gemacht, daß Religion, Leben in der Gemeinschaft und die Verantwortung des Einzelnen eine Einheit bilden, deren einzelne Elemente zwar benannt, aber nach islamischer Vorstellung nicht losgelöst voneinander betrachtet werden können. Alles bleibt stets miteinander verwoben.

Demgegenüber ist es für europäisches Denken durchaus üblich, Religion auf – wie wir sagen – das »Eigentliche« zu beschränken und die Spielregeln des Zusammenlebens wie die ethischen Maßstäbe für den Einzelnen getrennt, d. h. als eigenständige Größen ohne erkennbaren oder unmittelbaren Bezug zur Religion zu behandeln. Es wird daraus deutlich, daß auch konzeptionell die traditionelle Einheit von »Thron und Altar« in den modernen Industriestaaten aufgelöst ist. Dadurch wurde unsere pluralistische Gesellschaft möglich, und jede Wunschvorstellung, zu einer homogenen Gesellschaft mit einheitlicher Religion und Ethik zurückzufinden, bleibt wohl für immer ein utopischer Traum. Neben die Privatisierung von Religion ist eine nicht minder wichtige Privatisierung von Ethik getreten, die so lange zulässig ist, solange sie an den Grundwerten, die das Zusammenleben ermöglichen, nicht rüttelt, d. h. solange ihre Konsensfähigkeit noch gewährleistet ist.

Der Islam lehnt eine solche Konsenstheorie ab. Er hält auch die Privatisierung von Ethik für unzulässig und bekämpft sie durch die strikte Ablehnung der Privatisierung von Religion.

Ethik und Religion sind eine untrennbare Einheit, wie es im Koran (2, 177) unmißverständlich heißt: »Die Frömmigkeit besteht nicht darin, daß ihr euch (beim Gebet) mit dem Gesicht nach Osten oder Westen wendet. Sie besteht vielmehr darin, daß man an Gott, den jüngsten Tag, die Engel, die Schrift und die Propheten glaubt und sein Geld – mag es einem noch so lieb sein – den Verwandten, den Waisen, den Armen, dem, der unterwegs ist, den Bettlern und für (den Loskauf von) Sklaven hergibt, das Gebet (ṣalāt) verrichtet und die Almosensteuer (zakāt) bezahlt. Und (Frömmigkeit zeigen) diejenigen, die, wenn sie eine Verpflichtung eingegangen sind, sie erfüllen, und die in Not und Ungemach und in Kriegszeiten geduldig sind. Sie (allein) sind wahrhaftig und gottesfürchtig.«

Zentrale Bedeutung für das religiöse Tun hat folglich – wie schon durch die fünf Säulen festgestellt – auch das Teilen der Güter mit dem Bruder. Der Arme und der Bettler haben von daher innerhalb des islamischen Systems eine völlig andere Funktion und auch ein anderes Selbstbewußtsein als beispielsweise der Arbeitslose in den Industrienationen.

Der zitierte Koranvers richtet sich an den Einzelnen und gibt Anweisungen für sein individuelles Verhalten, eine Systemveränderung gesellschaftspolitischer Art wird hierdurch nicht angesprochen. Deshalb beschränken sich die konkreten Aufforderungen konsequent auf den Rahmen des individuell Erfüllbaren und fallen hier unter die Ethik des Einzelnen.

Will man diese Ethik systematisch darstellen, so sind zwei Vorbemerkungen unerläßlich, die inhaltlich eng miteinander verknüpft sind: zum Begriff »Ethik« und über die Quellen, denen wir die ethischen Anweisungen entnehmen.

1. »Ethik« und »Aḫlāq«

Der griechischen Disziplin der Ethik entspricht im Arabischen der »ʿilm al-aḫlāq«. Mit »aḫlāq« wird in der Übersetzungsliteratur die griechische Ethik wiedergegeben. »Kitāb al-aḫlāq« (wörtl.: Buch der Charaktereigenschaften) war von Anfang an der arabische Titel der Nikomachischen Ethik des Aristoteles. Aus der Ethik wird so der »ʿilm al-aḫlāq«, die »Charaktereigenschaftskunde«.[74]

Was mit »Sittlichkeit« (= aḫlāq) gemeint ist, erklärt ein zeitgenössisches Buch so: »Sittlichkeit im Islam ist eine Ordnung, eine Ordnung, die ins einzelne geht, das Verhalten des Menschen umfaßt und das ordnet, was dahinter an Beweggründen und Absichten steht.«[75]

Diese allgemeine Beschreibung macht die Akzentverschiebung deutlich, die im Vergleich zur Ethik bei den Griechen eingetreten und für den Islam kennzeichnend ist: Es geht darum, einzelne Verhaltensweisen als angemessen oder sogar ideal hinzustellen. Es geht nicht darum, eine Philosophie des Guten zu entwickeln, aus der das Verhalten im einzelnen ableitbar wäre.

Dies mag überraschen und wird nur auf dem Hintergrund einer weiter gefaßten dogmatischen Diskussion verständlich, die oben schon einmal im Zusammenhang mit der göttlichen Allmacht und der menschlichen Handlungsfreiheit berührt wurde. Dort wurde gesagt, daß Gott der »Schöpfer von allem« (Koran 6, 102) ist, der stets »tut, was er will« (Koran 11, 107). Seine Allmacht und Freiheit wird deshalb auch nicht durch den sündigenden Menschen begrenzt oder beeinträchtigt, was in der ascharitischen Schule zu der Theorie der »Aneignung« der Tat durch den Täter geführt hat, wodurch der Täter selbst die alleinige Verantwortung für die Tat übernimmt.

Gottes Allmacht und Freiheit, so fürchtete man, kann zusätzlich noch von einer ganz anderen Seite her eine Einschränkung erfahren: von der Idee des absolut Guten, nämlich dann, wenn Gott gezwungen wäre, nur das zu gebieten, was ohnehin das Gute ist, und grundsätzlich das zu verbieten, was schlechthin als das Böse gilt. Die islamischen Theologen diskutierten dies leidenschaftlich an einem konkreten Beispiel, der Frage nämlich, ob Gott frei war, dem Menschen zu gebieten, die Wahrheit zu sagen, oder ob er stattdessen auch das Lügen hätte anordnen können. Wieder gab es verschiedene Richtungen, und wieder war es al-Aš'arī mit seiner ascharitischen Schule, der radikal und unmißverständlich Gottes uneingeschränkte Freiheit dadurch verteidigte, daß er Gott zugestand, auch das Lügen dem Menschen befohlen haben zu können: »Natürlich. Wenn er es für gut erklärt hätte, wäre es gut, und wenn er es befohlen hätte, gäbe es keinen Widerstand dagegen.«[76]

Gut und Böse sind folglich keine Wesensmerkmale, die »in se« Verhaltensweisen eigen sind; sie entstammen einzig und allein Kategorien positiver Setzung, denn – wie es im Koran heißt – Gott »tut, was er will«. Daher ist die menschliche Vernunft von sich aus nicht fähig, die gottwohlgefällige Qualifizierung nach »gut – böse« treffsicher zu erkennen und eigenständig vorzunehmen. Der Mensch bedarf dazu der Mitteilung durch Gott, der nach freiem Entschluß festlegt, was im einzelnen gut und böse ist, und dann das Gute befiehlt und das Böse verbietet. Gut ist demnach stets das, was Gott zu tun befiehlt, und schlecht/böse das, was er verbietet. Über die Gründe, die Gott zu der konkreten Qualifizierung bewogen haben, kann man nur Vermutungen anstellen. Jedenfalls gilt: Gott hätte in jedem konkreten Falle auch anders qualifizieren können. Sein Entschluß ist durch keine irgendwie geartete Seinsordnung vorprogrammiert oder bedingt. Gott ist wirklich der »Schöpfer von allem«.

Ethische Fragestellungen als solche kennt folglich der Islam nicht, und man kann deshalb mit gutem Recht sagen, daß es im Islam eigentlich keine Ethik gibt.[77] Andererseits gibt es aber sehr wohl Vorschriften und Anweisungen, die zur Ethik in unserem Sinne zu rechnen sind. Wenn wir diese hier herausgreifen und darstellen, so tragen wir in den Islam eine westliche Unterscheidung hinein, nämlich die zwischen Religion und Ethik, die ihm von seinem ganzheitlichen Denkansatz her fremd ist, wenngleich auch gewisse islamische Vorstellungen wie etwa die Erläuterungen der »Aḫlāq« in eine solche Richtung weisen. Dennoch besteht die Gefahr, daß dadurch der so als »Ethik« in unserem Sinne herausgelöste und zur Darstellung gebrachte Bereich eine einseitige Apostrophierung erfährt oder ein etwas schiefes Bild von der islamischen Ethik vermittelt. Infolgedessen wird oft mit Recht der Muslim im Gespräch die eine oder andere Aussage in einen weiteren Kontext stellen wollen und dadurch ihre Bedeutung relativieren oder die Gewichtung korrigieren.

Eine solche Suche nach Elementen ethischer Vorstellung im Islam macht noch eine weitere Präzisierung notwendig: die Frage nach den Quellen.

2. Die Fundstellen für die islamische Ethik

Nach all dem Gesagten ist klar, daß der Koran eine durch nichts zu überbietende Bedeutung zur Erhebung ethischer Vorstellungen hat. Als Gottes unmittelbares Diktat vom Muslim im Glauben anerkannt, enthält er die konkreten Aussagen über das, was Gott geboten und verboten hat.

Eine weitere Quelle sind die theologischen und juristischen Sammelwerke. Hier findet man die Auslegung der koranischen Prinzipien mit Blick auf konkrete Rechtsfälle und Verhaltensweisen, die in dieser Form noch nicht im Koran kodifiziert sind. Diese Texte sind somit ihrer Tendenz nach neue Konkretisierungen all der kasuistischen Regelungen des Koran, die vor allem für die medinensische Zeit charakteristisch sind.

Inhalt und Form der theologischen Handbücher, wozu in diesem Zusammenhang auch die der islamischen Mystik zu zählen sind, entsprechen oft denen einer anderen, weitverbreiteten Literaturgattung, die man gemeinhin gerne als Adab-Literatur[78] bezeichnet. Anhand von Anekdoten, Romanen, Aphorismen usw. sollte »richtiges Benehmen« *(adab)* zunächst den Sekretären bei Hof und sehr bald darüber hinaus den »feinen Leuten« der gehobenen Schichten der Städte beigebracht werden. Hierher gehören u. a. die Fürstenspiegel, wie sie vor allem in persischer Sprache überliefert sind.

»Sie sind nicht nur Theorie, sondern sie untermauern ihre Lehren mit Beispielen aus der Vergangenheit, mit Anekdoten von früheren Herrschern (Ḥikāja). Das Vorbild für diese Technik könnte in der indischen Fabel- und Erzählungsliteratur zu suchen sein, die in Übersetzungen (Kalīla wa-Dimna) einen sehr großen und lang anhaltenden Erfolg hatten. Die weite Verbreitung der ›Ḥikāja‹ in den Fürstenspiegeln dürfte ihren Grund nicht nur in der Popularität der interessanten und lehrreichen Geschichten als solcher gehabt haben. Vielmehr dürfte auch der Gedanke eine Rolle gespielt haben, daß es bei einem autokratischen Herrscher sicherer war, gewisse Lehren und Ansichten nicht mit offenen Worten zu sagen, sondern sie in der ›Moral von der Geschicht‹, die unausgesprochen blieb, zu verstecken.«[79]

Der Hinweis auf die indische Erzählkunst besagt, daß hier keineswegs islamische Vorbilder allein eine Bedeutung haben. Die Verhaltensweisen und Normen sind vielmehr ein kulturelles Überlieferungsgut, bei dem sich Koranisches und Fremdes zu einem einheitlichen Mosaik zusammenfügen.

Vergleichbar unserem Knigge haben diese Bücher, zu denen vor allem noch die Geschichten von »1001 Nacht« hinzuzufügen sind, eine erzieherische Arbeit durch die Jahrhunderte geleistet, die kaum überschätzt werden kann. Natürlich gehört es zur Eigenart derartiger Erziehungsbücher, daß sie weniger die tatsächlichen Verhaltensweisen als vielmehr die idealisierte Norm vorstellen. Doch selbst dann, wenn vieles davon de facto ohne Erfolg blieb, kommt dem Bemühen, auf ein solches Ziel hin zu erziehen, eine normative Kraft zu, die in den Bereich des Faktischen hineinwirkt.

Die Einheit von Ethik und Religion wird in diesen Büchern als Einheit von Leben und Glaube ausgelegt, so daß Offenbarung und kulturelles Erbe zu einem Ganzen verschmelzen und durch die jahrhundertealte Überlieferung als untrennbar eines empfunden werden.

»Diese einheitliche Weltanschauung und Lebensweise des Islams ist weitgehend für die Geschichte der islamischen Völker maßgebend gewesen.

Alle Bereiche des Lebens, wie tägliche Sitten, Dichtung und Kunst, geistiges und kulturelles Schaffen, Handel und Gewerbe, Politik und Wirtschaft, sind mehr oder weniger eng mit der Religion verbunden gewesen, so daß keine Trennung zwischen dem Weltlichen und dem Geistlichen zustande gekommen ist. Selbstverständlich wird in gewisser Hinsicht zwischen diesen beiden Bereichen unterschieden. Diese Trennung bedeutet jedoch keine Trennung in zwei voneinander begrenzte Wirklichkeitsbereiche. Das Weltliche ist vielmehr dem Geistlichen untergeordnet und erhält eben dadurch seinen Sinn und seine Erfüllung. Alles wird also von der Religion umfaßt, durchdrungen oder doch zumindest gefärbt. Es ist bezeichnend, daß in keiner der islamischen Sprachen ein Wort zu finden ist, das den genauen Sinn des Wortes ›säkular‹ wiedergibt.«[80]

Die von Europa her in die islamische Moderne hineingetragene Problematik der Säkularisierung ganzer Lebensbereiche will diese gewachsene Einheit zwischen gottgewolltem Tun und kulturellem Erbe auflösen. Sie fordert die Theologen auf, eine solche Scheidung vorzunehmen. Die einen lehnen ein derartiges Verfahren unter Berufung auf die Tradition radikal ab, andere machen diesbezügliche Unterschiede, wobei die Zuordnungen im Einzelfall recht unterschiedlich vorgenommen werden und dadurch die Gewichtung oft sehr subjektiv ausfällt. Mit Blick auf die moderne Wissenschaft entsteht daher die Herausforderung vor allem durch die Geschichtswissenschaft, die in konkreten Fällen zeigen kann, daß bestimmte Traditionen erst relativ neuen Datums oder nur von regionaler Gültigkeit bzw. durch nicht-islamische Umweltsitten beeinflußt sind. Die Herausforderung kulminiert in der Behauptung, daß auch der Koran selbst zeitbedingte Vorstellungen neben den »ewig gültigen Prinzipien« enthalten könnte, so daß – vergleichbar den christlichen Theologen im Umgang mit der Bibel – islamische Theologen die gemachte Unterscheidung sogar auf den Koran übertragen sollen. Belege aus der islamischen Geschichte zeigen, daß man auch früher schon mit unterschiedlichen Prioritäten Koranverse eingesetzt und infolgedessen einen gewissen Interpretationsspielraum gehabt hat.

Es kann nicht die Aufgabe einer solchen Einführung sein, hier Vorschläge zur Unterscheidung von Botschaft und kulturellem Erbe für die Muslime zu unterbreiten. Am wenigsten ist dies für den Koran angebracht, dennoch soll auf historisch gesicherte Fakten nicht verzichtet werden, wenn sie eine Basis für eine solche Unterscheidung darstellen können.

3. Der »islamische Dekalog«. Tugenden und Laster

Will man die jüdisch-christliche Ethik in kodifizierter Form näher beschreiben, so verweist man gerne auf den Grundkatalog ethischer Forderungen, der in Form von 10 Geboten (Dekalog) überliefert wird. Ihm läßt sich als

Entsprechung innerhalb des Islam am besten jener Pflichtenkodex gegenüberstellen, der gegen Ende der mekkanischen Periode in zwölf Artikeln alle bisherigen Vorschriften zusammenfaßte und die meisten noch im einzelnen erläuterte und begründete. In Koran 17, 22–38 heißt es wörtlich[81]:

»1. Setz nicht (dem einen) Gott einen anderen Gott zur Seite, damit du (schließlich) nicht getadelt und verlassen dasitzest!

2. Und dein Herr hat bestimmt, daß ihr ihm allein dienen sollt.

3. Und zu den Eltern (sollt ihr) gut sein. Wenn eines von ihnen (Vater oder Mutter) oder (alle) beide bei dir (im Haus) hochbetagt geworden (und mit den Schwächen des Greisenalters behaftet) sind, dann sag nicht ›Pfui!‹ zu ihnen und fahr sie nicht an, sondern sprich ehrerbietig zu ihnen!

Und senke für sie in Barmherzigkeit den Fittich der (Selbst)erniedrigung und sag: ›Herr! Erbarm dich ihrer (ebenso mitleidig), wie sie mich aufgezogen haben, als ich klein (und hilflos) war!‹

Euer Herr weiß wohl, was ihr in euch bergt. (Er erkennt) falls ihr rechtschaffen seid (euren guten Willen an, auch wenn ihr seinen Geboten nicht durchweg nachzukommen vermögt). Den Bußfertigen ist er bereit zu vergeben.

4. Und gib dem Verwandten, was ihm (von Rechts wegen) zusteht, ebenso dem Armen und dem, der unterwegs ist. Aber sei (dabei) nicht ausgesprochen verschwenderisch!

Diejenigen, die verschwenderisch sind, sind Brüder der Satane. Und der Satan ist seinem Herrn gegenüber undankbar.

Und falls du dich von ihnen abwendest (ohne ihnen etwas zu geben), indem du erwartest, daß dein Herr, wie du hoffst, sich (ihrer) erbarmen wird, dann sprich (wenigstens) begütigend zu ihnen!

Mach nicht, daß deine Hand (gleichsam) an deinen Hals gefesselt ist! (d. h. sei kein Geizkragen)

Aber streck sie (auch) nicht vollständig aus (indem du hemmungslos Geschenke austeilst), damit du (schließlich) nicht getadelt und (aller Mittel) entblößt dasitzest!

Dein Herr teilt den Unterhalt reichlich zu, wenn er will, und begrenzt (ihn auch wieder). Er kennt und durchschaut seine Diener.

5. Und tötet nicht eure Kinder aus Furcht vor Verarmung! Wir bescheren ihnen und euch (den Lebensunterhalt). Sie zu töten ist eine schwere Verfehlung.

6. Und laßt euch nicht auf Unzucht ein! Das ist etwas Abscheuliches – eine üble Handlungsweise!

7. Und tötet niemand, den (zu töten) Gott verboten hat, außer wenn ihr dazu berechtigt seid!

(Außer im Krieg darf nur im Fall der Blutrache jemand umgebracht werden. Hier gilt das Recht der Wiedervergeltung. Man kann sich aber auch auf die Bezahlung des Blutgeldes einigen.)

Wenn einer zu Unrecht getötet wird, geben wir seinem nächsten Verwandten Vollmacht (zur Rache). Er soll (aber) dann im Töten nicht maßlos sein (und sich mit der bloßen Talio begnügen). Ihm wird ja (beim Vollzug der Rache) geholfen.

8. Und tastet das Vermögen der Waise nicht an, es sei denn auf die (denkbar) beste Art! (Laßt ihr Vermögen unangetastet) bis sie volljährig geworden ist (und selber darüber verfügen darf)!

9. Und erfüllt die Verpflichtung (die ihr eingeht). Nach der Verpflichtung wird (dereinst) gefragt.

10. Und gebt, wenn ihr zumeßt, volles Maß und wägt mit der richtigen Waage! So ist es am besten (für euch) und nimmt am ehesten einen guten Ausgang.

11. Und geh nicht einer Sache nach, von der du kein Wissen hast! (= Verdächtige nicht, wenn du nichts Sicheres weißt.) Gehör, Gesicht und Verstand – für all das wird (dereinst) Rechenschaft verlangt.

12. Und schreite nicht überheblich auf Erden einher! Du kannst (ja) weder ein Loch in die Erde machen (die Erde spalten) noch die Berge an Höhe erreichen.

Jedes derartige schlechte Verhalten ist deinem Herrn zuwider.«

Die Liste dieser Anweisungen im Koran zeigt, daß es hierbei mehr um die rechte Verhaltensweise als um die rechte Absicht geht. Hierin liegt sicherlich eine bedeutsame Parallele zum jüdischen Dekalog in seinem alttestamentlichen Kontext. Die starke Betonung der rechten Absicht beim Tun entspricht bekanntlich mehr der prophetischen Auslegungtradition innerhalb des Judentums und wird fortgesetzt und überhöht durch die Bergpredigt Jesu. Innerhalb des Islam wird die Frage nach der rechten Absicht (nīya) vor allem in der Mystik thematisiert, die ihrer eigenen Interpretation zufolge gewissermaßen die Innenseite zur Außenseite des Religionsgesetzes (šarīʿa) darstellt.

Ein Vergleich mit dem jüdisch-christlichen Dekalog läßt im zitierten koranischen Pflichtenkodex Schwerpunkte erkennen, die wert sind, beachtet zu werden. Da ist zunächst eine Auslassung festzustellen, es wird nämlich kein Ruhetag vorgeschrieben. Die Praxis in der islamischen Welt zeigt dementsprechend, daß der Freitag als Versammlungstag der Gemeinde zwar eine große Rolle spielt, als strikter Ruhetag aber nicht begangen wird und historisch wohl auch nie so begangen wurde.

Vielleicht mag man auch darauf verweisen, daß das erste Gebot mit seinem Verbot, Gott bildlich darzustellen, und das zweite Gebot im zitierten Dekalog nicht vorkommen. Dennoch ist hinreichend bekannt, daß beide Gebote im Islam ihrem Sinne nach – das Bildverbot sogar wörtlich – gelten, und dies zeigt zugleich die Grenzen eines zu wörtlich genommenen Vergleiches des alttestamentlichen Dekaloges mit einem »Paralleltext« aus dem Koran.

Mit aller Kasuistik und Eindringlichkeit wird den Kindern die Verpflichtung eingeschärft, sich um die altgewordenen Eltern zu kümmern. Die Farbigkeit des Berichtes gewährt zugleich einen guten Einblick in die

Verhaltensweisen der Zeitgenossen Mohammeds, denen es offenbar an Respekt vor den Alten und an Verständnis für ihre Eigenheiten und Gebrechen mangelte.

Eine Frage, die – mit Blick auf europäische Sitten heute – unerwähnt bleibt, ist die, ob es zulässig ist, die Eltern in einem Altenheim unterzubringen oder nicht. Die meisten Theologen in der islamischen Welt schließen – auf diese Frage angesprochen – aus dem diesbezüglichen Schweigen des Korans, daß eine solche Möglichkeit nicht eingeräumt ist und halten deshalb das Ansinnen der jüngeren Generation, die Eltern nicht mehr bei sich aufzunehmen, für eine von Europa übernommene »Unsitte« und für das Ende der gottgewollten Ordnung.

Geiz und zu große Freigebigkeit gegenüber dem Verwandten, dem Armen und dem, der unterwegs ist, werden in gleicher Weise abgelehnt. Dabei fällt auf, daß zwischen dem Blutsverwandten, dem Armen und dem Reisenden praktisch kein Unterschied gemacht wird. Das umma-orientierte Denken sichert also jedem Bedürftigen innerhalb der Solidargemeinschaft die notwendige Unterstützung zu und stellt aufgrund der Gastfreundschaft den Reisenden dem Bedürftigen gleich. Es läßt aber auch im Einzelfall den Verzicht auf die Hilfeleistung zu, in der Praxis etwa durch die freundliche und ehrlich gemeinte Formel: *razaqaka llāh*! = Gott wird dir den Lebensunterhalt schenken!

Unter 7. wird wie im 5. Gebot des alttestamentlichen Dekalogs der Mord, also wie dort das unerlaubte Töten eines Mitmenschen verboten. Eigens ausgenommen wird der Fall des erlaubten Tötens etwa bei der Blutrache (Talio), worauf noch eigens eingegangen wird. Zu den unerlaubten Formen des Tötens gehört auch das Töten der Kinder aus wirtschaftlichen Gründen (vgl. 5.). Dahinter verbirgt sich offensichtlich das Problem des »nicht eingeplanten«, wirtschaftlich nicht mehr vertretbaren Kindes. Der Koran erkennt in diesem Falle dem geborenen Kinde ein Recht auf Leben zu.

Zu den Besonderheiten im Vergleich zum alttestamentlichen Dekalog gehört die starke Betonung des Schutzes hinsichtlich des Vermögens der Waisen, die im Alten Testament an anderer Stelle vorkommt, und die eindringliche Ermahnung, nicht überheblich zu sein, den sprichwörtlichen Stolz der Araber auf ein erträgliches Maß einzuschränken, denn Gott »liebt die Hochmütigen nicht« (Koran 16, 23) noch den, »der eingebildet und prahlerisch ist« (Koran 31, 18).

Bei der Lektüre des zitierten Passus mag der Eindruck entstanden sein, daß der Islam die für die christliche Erziehung so wichtigen Gebote 6, 7 und 8, deren konkretes Verständnis im Bewußtsein der Gläubigen weit über den Wortlaut des Dekalogtextes hinausgeht, nicht in gleicher Weise beachte. Wieder hängt es mit der Einseitigkeit derartiger »Paralleltexte« zusammen, weshalb nun hierzu andere Stellen angeführt werden, die beweisen, daß auch der Koran zu diesen Bereichen wichtige Präzisierungen liefert.[82]

Der Koran bejaht ohne Vorbehalt die menschliche Liebe und die menschliche Sexualität, die er als Gabe Gottes betrachtet: »Und zu seinen Zeichen gehört es, daß er auch euch selber Gattinnen geschaffen hat, damit ihr bei ihnen wohnt. Und er hat bewirkt, daß ihr einander in Liebe und Güte zugetan seid . . .« (Koran 30, 21) Der Koran bezeichnet die Frauen als ein Saatfeld für die Männer (Koran 2, 223), wodurch die Vorstellung zum Ausdruck gebracht wird, daß die Frau lediglich den »Samen« des Mannes austrägt, zur Zeugung ansonsten aber nichts beiträgt – eine Vorstellung, die wir in vielen Kulturen finden und die zu unterschiedlichen Sexualregeln für Mann und Frau geführt hat. Demzufolge durften etwa Frauen unterworfener Völker zum Austragen des Samens der Sieger herangezogen werden, während die Frauen der Sieger nicht von Männern der unterworfenen Völker geschwängert werden durften, um die »Rasse« nicht zu verderben. Möglicherweise schwingt diese Denkweise im Islam noch bei der Regelung mit, daß Muslime zwar Frauen aus der Gruppe der »Schriftbesitzer«, also Jüdinnen und Christinnen, heiraten dürfen. Die Muslima dagegen darf nur einen Muslim heiraten.

Nach Auffassung des Koran (2, 187) sind Männer und Frauen füreinander eine Bekleidung, sie brauchen einander und passen zueinander. Der Geschlechtsverkehr muß während der Menstruation der Frau (Koran 2, 222), am Tage in der Fastenzeit (Koran 2, 187) und im Weihezustand während der Wallfahrt nach Mekka (Koran 2, 197) unterbleiben. Auch ist der Geschlechtsverkehr nur Eheleuten gestattet (Koran 70, 31). »Und diejenigen, die es sich nicht leisten können zu heiraten, sollen so lange Enthaltsamkeit üben, bis Gott sie durch seine Huld reich macht.« (Koran 24, 33) Die Männer können aber auch Umgang mit ihren Konkubinen unter ihren Sklavinnen haben (Koran 70, 29f.; 23, 5f). In allen anderen Fällen gebietet der Koran den Männern die Keuschheit (Koran 70, 29; 23, 5; 24, 30) sowie den Frauen (Koran 24, 60).

Auf der anderen Seite verurteilt der Koran die Homosexualität und fordert die Züchtigung der Schuldigen (Koran 4, 16; vgl. Koran 7, 80f: Die Geschichte des Lot). Er verbietet die Prostitution: ». . . Und zwingt nicht eure Sklavinnen, wenn sie ein ehrbares Leben führen wollen, zur Prostitution, um den Glücksgütern des diesseitigen Lebens nachzugehen.« (Koran 24, 33)

Desgleichen verurteilt der Koran die Unzucht: ». . . Und ihr sollt euch auf keine abscheulichen Handlungen einlassen, (gleichviel) was davon äußerlich sichtbar oder verborgen ist . . .« (Koran 6, 151; vgl. auch Koran 25, 64; 16, 90; 7, 28.33) Die Strafe der Unzucht wird im Koran auf hundert Peitschenhiebe festgesetzt. Außerdem darf ein solcher Mann oder eine solche Frau keinen gläubigen Partner mehr heiraten (Koran 24, 2f).

Die Strafe des Ehebruchs wird erst verhängt, wenn vier glaubwürdige Zeugen den Tatbestand bestätigen (Koran 4, 15; 24, 4), sonst muß es der Ehemann viermal bezeugen und sich beim fünften Mal dem Fluch Gottes aussetzen, wenn er lügt (Koran 24, 6f). Desgleichen kann die beschuldigte Frau durch ähnliche Bezeugung der Strafe entgehen (Koran 24, 8f). Die Strafe selbst ist sehr streng, aus Sorge um die einwandfreie Legitimität der

Kinder: »Und wenn welche von euren Frauen etwas Abscheuliches begehen, so verlangt, daß vier von euch gegen sie zeugen! Wenn sie zeugen, dann haltet sie im Haus fest, bis der Tod sie abberuft oder Gott ihnen eine Möglichkeit schafft (ins normale Leben zurückzukehren)!« (Koran 4, 15) Der Koran tritt entschieden für die Gerechtigkeit ein, die er zu einer besonderen Tugend der Moslems erhebt: »Ihr Gläubigen! Steht Gott gegenüber als Zeugen für die Gerechtigkeit ein! Und der Haß, den ihr gegen (gewisse) Leute hegt, soll euch ja nicht dazu bringen, daß ihr nicht gerecht seid. Seid gerecht! Das entspricht eher der Gottesfurcht. Und fürchtet Gott! Er ist wohl darüber unterrichtet, was ihr tut.« (Koran 5, 8; vgl. auch Koran 7, 29; 49, 9)
Die Gerechtigkeit besteht darin, einem jeden zu geben, was ihm gehört. So dürfen die Gläubigen sich nicht untereinander in betrügerischer Weise um ihr Vermögen bringen (Koran 2, 188; 4, 29). Auch im Geschäft müssen Betrug und Unehrlichkeit verbannt werden: »Gebt volles Maß und Gewicht, so wie es recht ist« (Koran 6, 152; vgl. auch Koran 55, 8f; 83, 1-3; 26, 181f; 17, 35; 11, 85; 7, 85). Desgleichen gilt es, das Zinsnehmen, das der Koran als Wucher bezeichnet, abzuschaffen: »Ihr Gläubigen! Fürchtet Gott! Und laßt künftig das Zinsnehmen bleiben, wenn (anders) ihr gläubig seid! Wenn ihr (es) nicht tut, dann sei euch Krieg angesagt von Gott und seinem Gesandten! . . .« (Koran 2, 278f, vgl. auch Koran 30, 39; 2, 175f; 3, 130; 4, 161)
Auch muß das anvertraute Gut nach Ablauf der festgesetzten Frist treu zurückgegeben werden (Koran 70, 32; 23, 8; 2, 183; 4, 58). Der Koran regelt die juristischen Formalitäten zur Sicherung solcher Güter (Koran 2, 282f). Ganz allgemein muß der Gläubige die von ihm eingegangenen Verpflichtungen erfüllen (Koran 2, 177).
Die Gerechtigkeit fordert auch – wie bereits erwähnt –, daß man den Verwandten ihr Recht gibt, ebenso den Armen und den Reisenden. Man darf also ihre Situation nicht ausnutzen, um sie um ihr Recht zu bringen. Nicht einmal gegen sonst friedliche Ungläubige darf man ungerecht handeln (Koran 60, 8).
Endlich soll die Gerechtigkeit walten bei jedem Schiedsspruch und jedem Richterurteil (Koran 4, 58), auch wenn es um Verwandte geht (Koran 6, 152).
So soll keiner den Leuten abzwacken, was ihnen gehört (vgl. Koran 26, 183; 11, 85; 7, 85). Wer dennoch, Mann oder Frau, einen Diebstahl begeht, wird hart bestraft: »Haut ihnen die Hand ab, zum Lohn für das, was sie begangen haben, und als warnendes Exempel von seiten Gottes« (Koran 5, 38). Wer jedoch umkehrt und sich bessert, wird verschont (Koran 5, 39). Auf Räuber und Gewalttätige wendet das islamische Strafrecht die Drohung des Korans an: Sie sollen »umgebracht oder gekreuzigt werden, oder es wird ihnen wechselweise Hand und Fuß abgehauen, oder sie werden des Landes verwiesen« (Koran 5, 33), es sei denn, sie kehren um, bevor man sie erfaßt hat (Koran 5, 34).

Nicht nur den Diebstahl und das Unrecht verurteilt der Koran. Er verwirft auch die allzu große Liebe zum Reichtum. Der Reichtum ist von Gott gegeben worden, um die Menschen auf die Probe zu stellen (Koran 18, 7), aber die Reichen verlassen sich auf ihren Besitz (vgl. Koran 104, 3), werden widerspenstig und weigern sich, an die Gesandten Gottes zu glauben (Koran 34, 34-37), denn Gott »liebt diejenigen nicht, die geizig sind und den Leuten gebieten, geizig zu sein, und verheimlichen, was Gott ihnen von seiner Huld gegeben hat« (Koran 4, 37). Denen aber, »die vor der ihnen innewohnenden Habsucht bewahrt bleiben, wird es wohlergehen« (Koran 59, 9).

Der Koran gebietet den Gläubigen »zu sagen, was recht ist«, dann wird Gott ihnen ihre Werke gedeihen lassen und ihnen ihre Schuld vergeben (Koran 33, 70f). Verboten ist, »falsche Aussagen« zu machen (Koran 22, 30), »falsches Zeugnis abzulegen« (Koran 25, 72).

Auch werden die Gläubigen gewarnt, die ihr Versprechen nicht einhalten und nicht für die Sache Gottes mit dem Propheten kämpfen: »Warum sagt ihr, was ihr nicht tut? Bei Gott erregt es großen Abscheu, daß ihr sagt, was ihr nicht tut« (Koran 61, 2f).

Außerdem verurteilt der Koran die Heuchelei (vgl. u. a. Koran 2, 264; 4, 38) und die Unaufrichtigkeit derjenigen, »die für das gelobt zu werden wünschen, was sie nicht getan haben . . . Eine schmerzhafte Strafe haben sie zu erwarten« (Koran 3, 188).

Was das Zeugnis anbelangt, so legt der Koran großen Wert darauf, daß es der Wahrheit entspricht, damit jedem sein Recht zukommt, auch wenn das Zeugnis »gegen euch selbst oder gegen die Eltern und nächsten Verwandten (gerichtet) sein sollte« (Koran 4, 135).

Energisch wendet sich der Koran gegen Mutmaßungen und Verdächtigungen, »denn Mutmaßungen anstellen ist manchmal Sünde« (Koran 49, 12). Er gibt den Gläubigen folgenden heilsamen Rat: »Ihr Gläubigen! Wenn ein Frevler mit einem Gerücht zu euch kommt, dann paßt genau auf, daß ihr nicht (gewissen) Leuten in Unwissenheit etwas antut und ihr dann über das, was ihr getan habt, Bedauern empfindet!« (Koran 49, 6)

Auch wenn dieser Rat durch die damaligen Kriegsumstände bedingt war, so hat er dennoch bleibende Bedeutung.

Endlich verurteilt der Koran die üble Nachrede (Koran 24, 19), es sei denn, man wehrt sich gegen ein Unrecht dadurch (Koran 4, 148). Noch strenger geht er mit den Verleumdern ins Gericht: »Und wer eine Verfehlung oder eine Sünde begeht und hierauf einen Unschuldigen damit in Verruf bringt, lädt damit Verleumdung und offenkundige Sünde auf sich.« (Koran 4, 112)

»Und diejenigen, die unbedacht gläubige Ehefrauen in Verruf bringen, sind im Diesseits und im Jenseits verflucht« (Koran 24, 23). Im Jenseits erwartet sie eine gewaltige Strafe (Koran 24, 23), und im Diesseits soll man »ihnen achtzig Peitschenhiebe verabreichen und nie mehr eine Zeugenaussage von ihnen abnehmen.« (Koran 24, 4)

Damit ist die Aufzählung der koranischen Tugenden und Verbote nahezu vollständig. Hinzuzufügen wäre vor allem noch das sog. Alkohol- und das Spielverbot. Dazu heißt es wörtlich im Koran: »Man fragt dich nach dem Wein und dem Losspiel. Sag: In ihnen liegt schwere Sünde. Und dabei sind sie für die Menschen (auch manchmal) von Nutzen. Die Sünde, die in ihnen liegt, ist aber größer als ihr Nutzen.« (Koran 2, 219) Oder an anderer Stelle: »Ihr Gläubigen! Wein, das Losspiel, Opfersteine und Lospfeile sind (ein wahrer) Greuel und Teufelswerk. Meidet es! Vielleicht wird es euch (dann) wohl ergehen. Der Satan will (ja) durch Wein und das Losspiel nur Feindschaft und Haß zwischen euch aufkommen lassen und euch vom Gedenken Gottes und vom Gebet abhalten. Wollt ihr denn nicht (damit) aufhören?« (Koran 5, 90 f)
Der europäische Leser wird bei der Lektüre all dieser Anweisungen wohl in doppelter Weise stutzig: er ist schockiert durch die drastischen Strafen und fragt sich andererseits, ob die islamische Gesellschaft in der Praxis tatsächlich derart tugendhaft gelebt hat bzw. lebt.

4. Die Handbücher

Die theologischen, juristischen und mystischen Handbücher und Summen unterstreichen ihrerseits die idealtypische Gestalt der islamischen Gemeinde. Demgegenüber darf das, was Ignaz Goldziher, einer der besten Kenner des islamischen Rechtes, anläßlich einer diesbezüglichen Abhandlung des holländischen Orientalisten Snouck Hurgronje geschrieben hat, nicht vergessen werden:
Für Snouck »ist das, was die Muhammedaner *Al-fikh* nennen, nach Ablauf der patriarchalischen, noch ganz auf theokratischer Basis sich einrichtenden Epoche des muhammedanischen Staates nicht eigentlich muhammedanisches *Recht,* kein System, das im muhammedanischen Staate actuelle und praktische Geltung hatte. Er findet darin vielmehr eine *Pflichtenlehre* von ganz idealem Charakter und theoretischer Bedeutung, aufgestellt von Generationen frommer Gelehrten, die das Leben noch immer nach dem Muster einer Zeit regeln wollten, welche ihnen als goldenes Zeitalter galt, deren Überlieferungen sie fortpflanzten und entwickelten. Nur wenige Kapitel des muhammedanischen Rechts gibt es, deren Bestimmungen wirklich in die Praxis eindrangen und das Leben zu regeln im Stande waren. ›Die Geschicht lehrt uns – so resumirt er an einer Stelle – daß im Widerstreit mit dem Gesetz die getreue Befolgung der den Gottesdienst betreffenden Vorschriften meistentheils dem freien Willen der Gläubigen überlassen blieb und die erwartete Controle und Bestrafung der Versäumnisse häufig ganz, in den meisten Fällen aber theilweise unterblieb‹. Es fehlte also den theoretischen Gesetzen die Sanction der Durchführung, es waren todte Buchstaben, ersonnen in Studirstuben, gepflegt in den Herzen

frommer Forscher, aber vernachlässigt und zurückgedrängt im *Leben*. In diesem gelten andere Maßstäbe als jene, welche in den Schulen als die allein richtigen, rechtmäßigen und gottgefälligen Normen aufgestellt wurden.

Wenn wir die lebensvollen Bilder aus der arabischen und muhammedanischen Gesellschaft, wie sie uns z. B. im ›*Buch der Gesänge*‹ und in anderen Quellen für die Erkenntnis des socialen Lebens aufgestellt werden, beobachten, so müssen wir oft Zweifel daran setzen, daß sie sich im Rahmen einer Gesellschaft befinden, deren Gliedern der Genuß des Weines göttlich verboten war. Am Hofe des Prinzen *Ibrâhim b. al Mahdî* wird beim Weingelage über theologische Dinge disputirt. Wenn wir betreffs der allgemeinen religiösen Gesetze solchen Zuständen begegnen, um wie viel verständlicher wird uns die Thatsache der Hinwegsetzung über Normen des *bürgerlichen* Rechts? Es müßte wohl schwer gewesen sein, die muhammedanischen Gesetze gegenüber Rechtsgewohnheiten der eroberten Länder durchzusetzen. So wie diese noch in neuester Zeit in muhammedanischen Ländern fortleben, so mag es auch in älteren Zeiten der Fall gewesen sein.«[83]

Es wird dadurch deutlich, daß zwischen dem Ideal der Gelehrten und der Alltagswirklichkeit beträchtliche Unterschiede bestehen, die zu verringern selbst die drastischen Strafen nicht in der Lage waren, sofern sie überhaupt Anwendung fanden.

Die Tendenz zum Idealtypischen wurde in diesen Handbüchern derart total, daß kein Bereich des menschlichen Verhaltens ausgeklammert wurde. Infolgedessen findet man in den Handbüchern eine Fülle von konkreten Anweisungen, deren Bezug zu koranischen Vorschriften nicht immer deutlich gemacht werden kann. Die Thematiken überraschen den europäischen Leser nicht selten, wenn er beispielsweise in dem mystischen Handbuch des 1234 n. Chr. in Bagdad verstorbenen ʿUmar as-Suhrawardî Vorschriften zu den Eßgewohnheiten und über das rechte Verhalten auf der Toilette findet. Er lernt so den deutlichen Funktionsunterschied zwischen der rechten und der linken Hand: »Die Reinigung vom Kot mit der linken Hand ist Heiliger Brauch«[84], während für die rechte Hand gilt: »Ein jeder von euch soll mit seiner Rechten essen und mit seiner Rechten trinken, und er soll mit seiner Rechten nehmen und mit seiner Rechten geben. Denn der Teufel ißt mit seiner Linken und trinkt mit seiner Linken, und er nimmt mit seiner Linken und gibt mit seiner Linken.«[85]

Dieses Beispiel, das bis heute die Verhaltensregeln von Muslimen bestimmt, hat im Zusammenleben mit ihnen hier bei uns eine unmittelbare, konkrete Brisanz. Es erklärt den Widerstand vieler Muslime, mit Messer und Gabel zu essen, weil dann die linke Hand die Gabel zum Munde führt und infolgedessen den Funktionsbereich der linken Hand grundlegend verändert.

Mit diesem Beispiel berühren wir zugleich das weite Feld der Sitten und

Gewohnheiten, die vor allem auch in der Adab-Literatur zur Darstellung kommen.

5. Die Adab-Literatur

Es ist bezeichnend, daß sich in allen literarischen Gattungen Fragen der Umgangsformen finden. Vieles von dem, was an Anstandsregeln durch die Adab-Literatur vermittelt wird, könnte daher ebenso detailliert in den Handbüchern der Theologen, Mystiker oder Rechtsgelehrten (auch diese Unterscheidung ist oft künstlich und willkürlich, weil zumindest die Theologen auch zu Rechtsfragen gutachterlich Stellung nehmen!) stehen, wie das obige Beispiel zeigt. Ja selbst der Koran enthält die eine oder andere peinlichst genau ausformulierte Anstandsregel wie beispielsweise diese: »Ihr Gläubigen! Betretet keine fremden Häuser, ohne zu fragen, ob ihr gelegen kommt, und (ohne) über die Insassen den Gruß auszusprechen! Das ist besser für euch (als ungefragt einzutreten). (Es ist eine Vorschrift, die hiermit an euch ergeht.) Vielleicht würdet ihr euch mahnen lassen. Und wenn ihr niemand darin antrefft, dann tretet nicht ein! (Ihr dürft so lange nicht eintreten) bis man euch (ausdrücklich) Erlaubnis erteilt. Wenn man aber zu euch sagt, ihr sollt umkehren, müßt ihr umkehren. So haltet ihr euch am ehesten sittlich (und rein). Gott weiß Bescheid über das, was ihr tut. Es ist (aber) keine Sünde für euch, Häuser zu betreten, die nicht (eigentlich) bewohnt sind, und in denen etwas ist, was ihr benötigt. Gott weiß (gleichermaßen), was ihr kundgebt, und was ihr (in euch) verborgen haltet.« (Koran 24, 27–29)
Andere koranische Beispiele wären die Speisegebote (vgl. Koran 2, 219; 5, 3-5. 94-96 u. ö.), die Beachtung der Privatsphäre (vgl. Koran 24, 58) oder das Verbot, böse Worte gegen jemanden zu gebrauchen (vgl. Koran 4, 148). Dadurch wird deutlich, daß die Tendenz, alle Lebensbereiche bis ins einzelne zu erfassen und zu regeln, bereits im Koran grundgelegt ist und durch die spätere Systematisierung und Entwicklung allmählich – im besten Sinne des Wortes – »totalitär« wurde.
Problemlos ist dies, solange die Sitten und Gebräuche weitgehend dem entsprechen. Wandelt sich aber aufgrund von Fremdeinflüssen die allgemeine Norm, so steht der in der Tradition gefestigte Muslim vor der Frage, ob die lang geübte Selbst-verständlichkeit religiös bedingt und deshalb unwandelbar oder nur eine kulturelle Begleiterscheinung ist. In exemplarischer Weise durchleben diese Problematik gegenwärtig die muslimischen Gruppen in Europa, mit Blick auf die Bundesrepublik Deutschland vor allem die türkischen Gastarbeiter.
Probleme des Zusammenlebens sind in diesem Zusammenhang oft Probleme der Anpassung, und die Frage lautet: steht hier ein kulturelles Erbe oder eine religiöse Identität auf dem Spiele? Inzwischen fehlt es auch nicht mehr an Vorschlägen und Entwürfen.[86] Was einst als Entwicklungsprojekt mit

einem Bagger in der Türkei begann, ist – so zitiert der in Berlin lebende türkische Dichter Aras Ören aus Emines Brief – zu einer Abwanderungswelle aus der Türkei und zu einem Identitätsproblem für die sog. »zweite Generation« geworden:

»Weil ich im Paß meines Vaters stehe,
passiert mir alles, was meinem Vater passiert,
von der Steppe angefangen, die er hinter sich herschleift,
seit nämlich (wie ein Mann im Flugzeug erzählte)
zu Ende der fünfziger Jahre ein Bagger in die Steppe
kam und anfing, den Boden aufzuwühlen.
Hinter dem Bagger erschien eine Straße, die Fremde begann.
Die Fremde begann schon in der Heimat, aber mein Vater
nannte sie ›Deutschland‹.
Ich nenne sie jetzt ›Türkei‹.
Als ich herkam, war ich fünf Jahre alt.
Seit zehn Jahren bin ich hier, meine Brüder
sind in Berlin geboren.
Wo ist jetzt meine Fremde, wo meine Heimat?
Die Fremde meines Vaters ist meine Heimat geworden.
Meine Heimat ist die Fremde meines Vaters.«[87]

Die Wert- und Normvorstellungen der Eltern, die sie an die Kinder weitergeben wollen, stehen in vielen Punkten im Gegensatz zu dem, was die Schüler von ihren deutschen Lehrern und Mitschülern hören. Die idealen Verhaltensweisen von berühmten Orientalen oder den Prophetengenossen, ja des Propheten Mohammed selbst stehen den Idolen der Konsumgesellschaft gegenüber.

Dieser Konflikt ist jedoch nicht auf Europa allein beschränkt. Auch in den orientalischen Ländern selbst stellen sich diese Probleme. Radikal formuliert dies der zum Islam konvertierte Hamid Algar vom Orient so: »Heute aber werden unsere Städte in westliche Städte verwandelt, vollgestopft mit häßlichen und klimaungemäßen Gebäuden westlichen Stils, die nur für eine westliche Lebensweise geeignet sind und als architektonischer Ausdruck des materialistischen Atheismus bezeichnet werden können. Leider gilt diese Bemerkung sogar für Mekka und Medina, ganz davon zu schweigen, was aus Jerusalem unter zionistischer Herrschaft geworden ist.

Nicht nur die Städte und Häuser, die wir bewohnen, sind säkularisiert bzw. westlichen Vorbildern angepaßt worden; auch die Kleidung, die wir tragen, ist westlicher Prägung und Herkunft. Für den modernen Menschen im Industriestaat mag die westliche Kleidung angebracht sein, für die Verrichtung des täglichen Gebets ist sie jedoch weniger geeignet. Die Annahme der westlichen Kleidermode durch die islamische Frau ist eine völlige Katastrophe, die die Frau ihrer Würde und echten Schönheit beraubt und sie zusammen mit der sogenannten Emanzipation ins Chaos des modernen Lebens gestürzt hat. Dadurch wird auch die Grundlage der

Familie als Kernzelle der islamischen Gesellschaft in ihrem Fortbestand bedroht.«[88]

Es ist typisch, daß bei dieser Kritik sofort wieder die Rede auf die Frau oder etwas allgemeiner auf das Verhältnis der Geschlechter untereinander, kurz auf die Sexualmoral[89] kommt. Da der Islam die Sexualität als etwas Normales und ohne Prüderie betrachtet, findet sich vielerorts in der Adab-Literatur ein Hinweis auf entsprechendes Verhalten.

Vorehelicher Geschlechtsverkehr wird idealtypisch abgelehnt, wie es die »sieben Geschichten der sieben Prinzessinnen« des persischen Dichters Nizami (gest. 1202/3 n. Chr.) so charmant darlegen. Sämtliche Begegnungen der beiden Liebenden werden nämlich durch alles mögliche gestört, so daß der Liebende schließlich einsieht und bekennt: »Alle diese Zwischenfälle waren in Wirklichkeit Zeichen des Himmels, für die ich dankbar sein muß; denn sie hielten mich davon ab, Schlechtes zu tun.«[90] Erst als die Hochzeit vorbereitet war »und nachdem mit den Freunden und mit tausend Freuden das Fest gefeiert worden war, blieben endlich die Liebenden allein mit der Nacht.

Sie umarmten einander, und siehe da: Das Haus stürzte nicht zusammen (es folgen nun Anspielungen auf die vorherigen Störungen, eig. Anmerkung – P. A.), kein Kater ging auf Vogeljagd, nirgends fielen Kürbisse von einer Schnur, und die Wölfe ließen die Füchse in Frieden! Liebe war die Welt, von den Vögeln des Himmels bis hinunter zu den Fischen im Wasser – und eine Liebe fand in jener Stunde auch der Jüngling, die war licht wie der Sonnenquell, rein wie Jasmin und weiß wie Silber.«[91]

Ein Spezialthema der orientalischen Literatur – vor allem in persischer Sprache – ist die Homosexualität. Sie »war von altersher in Persien verbreitet, und wird auch für die islamische Zeit wiederholt bezeugt. Diese Sitte war insbesondere an den Höfen und in den aristokratischen Kreisen verbreitet, denn die Objekte dafür waren meist gutaussehende Sklaven, deren Beschaffung für diese Klasse der Gesellschaft leicht war. Die Herrscher und Fürsten besaßen neben ihren rechtmäßigen Frauen und Sklavinnen auch einen oder mehrere Jünglinge als Geliebte. Die Geschichtsschreiber berichten öfters von homoerotischen Beziehungen der verschiedenen Herrscher [. . .] Wenn wir nun einen Blick in die Diwane der Dichter werfen, so läßt sich feststellen, daß sich diese Sitte nicht nur auf die Höfe und auf die aristokratischen Kreise beschränkte, sondern daß sie auch unter den Dichtern und anderen Klassen der Gesellschaft verbreitet war [. . .] Zusammenfassend läßt sich sagen, daß die offene Behandlung der Homosexualität darauf schließen läßt, daß sie gesellschaftlich akzeptiert und allgemein verbreitet war. Sie war nicht tabuisiert oder aus religiös-moralischen Motiven verpönt. Im Gegenteil, sie wird nicht nur von den Dichtern verherrlicht und von den Fürstenspiegeln empfohlen, sondern sie findet auch die Zustimmung gewisser Rechtsgelehrter (die damit möglicherweise einfach gesellschaftliche Realitäten anerkennen; sie fordern nur, man soll sich auf die eigenen Sklaven beschränken).«[92]

Die hier angesprochene Thematik beweist, wie sehr sich im konkreten Lebensvollzug des Orients außerislamische Elemente und allgemeiner Usus – regional und generell – mit Koranischem vermischt haben. Was für den Bereich der Homosexualität gilt, trifft nämlich auch für die Liebe im allgemeinen zu. Dramatisch schildert etwa der Liebesroman »Laila und Maǧnūn« – in der Fassung von Nizami in der Manesse-Reihe von Gelpke verdeutscht – die totale Hingezogenheit Maǧnūns (wörtl.: des Wahnsinnigen) zu seiner Laila. Nichts in der Welt kann ihn von diesem Ziel abbringen. Auch die türkische Literatur des Mittelalters kennt derartige Erzählstoffe.[93] In all diesen Geschichten kommt die Liebe in Verbindung mit dem Leid vor, eine Auffassung, der man genauso häufig in der islamischen Mystik begegnet, wenn der persische Dichter Ǧalāl ad-dīn Rūmī (gest. 1273 n. Chr.) beispielsweise der Liebe den Namen »Schmerz ohne Heilung« oder ad-Dīnawarī (gest. 941/2 n. Chr.) sagt, daß leidet, wer liebt.[94]

Ein solcher Liebesbegriff ist dem Koran weitgehend fremd. Er darf auch nicht vorschnell mit der Ehe als Institution in Verbindung gebracht werden. Wie in allen Kulturen ist die Familie auch für die islamische Gesellschaft die tragende Zelle der Gemeinschaft. Die dafür notwendigen Regulierungen sind weitgehend rechtlicher Art und durch denselben Pragmatismus gekennzeichnet, der auch bislang für die Appelle an den Einzelnen bestimmend und typisch war. Im Unterschied zu vielem bisher Vorgetragenem weiten diese Vorschriften unmittelbar den Blick auf das Zusammenleben in der Gemeinschaft im allgemeinen hin und stellen deshalb ein eigenes Kapitel ethisch-rechtlicher Anordnungen dar.

IV. Das Leben in der Familie

Durch den Einbruch der Moderne hat sich das Leben in der islamischen Familie in vielerlei Hinsicht verändert. Die traditionelle Großfamilie, in deren Mittelpunkt die Großmutter steht und den Söhnen wie den Schwiegertöchtern die Anweisungen erteilt, ist im Begriff aufgelöst zu werden. An ihre Stelle tritt oft die Kernfamilie, d. h. Vater, Mutter und Kinder, was für die nicht arbeitende Frau oft zu einem weitgehend unerträglichen Alleinsein in den eigenen vier Wänden wird. Die zunehmende Berufstätigkeit der Frau macht diese andererseits wieder finanziell unabhängig und in Entscheidungsfragen selbstbewußt und läßt so die traditionelle Unterordnung unter die Autorität des Mannes als ein Relikt aus früheren Zeiten erscheinen. Infolgedessen tangiert der beschriebene Wandel zuerst und vornehmlich die Stellung der Frau.

1. Die Stellung der Frau[95]

Dem europäischen Besucher fällt auf, daß die orientalische Gesellschaft, so wie er sie sehen kann, hauptsächlich eine Männergesellschaft ist. Im Kaffeehaus und auf der Straße begegnet er vor allem den Männern. Die Frauen treten nur selten in Erscheinung und dann meist in kleinen Gruppen, häufig sogar verschleiert. Der Schleier der Frau und die Abgesondertheit (mit Blick auf die Höfe bei uns meist als *Harem* bekannt) sind deshalb für viele Europäer die typischen Merkmale zur Kennzeichnung der Stellung der Frau im Islam. Ja, sie werden auch islamischerseits oft so empfunden, wenn beispielsweise bei den Demonstrationen in Iran in den Jahren 1978/9 viele Frauen erneut zum traditionellen Schleier, dem čádor, griffen, um dadurch anzudeuten, daß eine neue Zeit, die bedingungslose Rückkehr zu den islamischen Prinzipien angebrochen ist.
Die Beschäftigung mit der Kulturgeschichte des Vorderen Orients zeigt, daß die enge Verquickung von Schleier und Islam keineswegs evident ist. Seit urdenklichen Zeiten haben nämlich dort vor allem die Frauen gehobener Schichten Gesichtsschleier getragen[96], die regional durchaus sehr verschieden sein konnten. Noch heute hat die in Afghanistan übliche Art der Verschleierung mit dem persischen čádor praktisch nichts gemeinsam und beide weichen wieder von der Verschleierungsart in Ägypten und Marokko ab.
Der Koran selbst enthält eine derartige Verschleierungsvorschrift allenfalls in Form von Andeutungen. Die beiden dafür herangezogenen Verse sind

zunächst einmal Koran 33, 59: »Prophet! Sag deinen Gattinnen und Töchtern und den Frauen der Gläubigen, sie sollen (wenn sie austreten) sich etwas von ihrem Gewand (über den Kopf) herunterziehen. So ist es am ehesten gewährleistet, daß sie (als ehrbare Frauen) erkannt und daraufhin nicht belästigt werden. Gott aber ist barmherzig und bereit zu vergeben.« Die zweite Stelle ist Koran 24, 31: »Und sag den gläubigen Frauen, sie sollen (statt jemanden anzustarren, lieber) ihre Augen niederschlagen, und sie sollen darauf achten, daß ihre Scham bedeckt ist (wörtl.: sie sollen ihre Scham bewahren), den Schmuck, den sie (am Körper) tragen, nicht offen zeigen, soweit er nicht (normalerweise) sichtbar ist, ihren Schal über den (vom Halsausschnitt nach vorne heruntergehenden) Schlitz (des Kleides) ziehen und den Schmuck, den sie (am Körper) tragen, niemandem offen zeigen, außer ihrem Mann, ihrem Vater, ihrem Schwiegervater, ihren Söhnen, ihren Stiefsöhnen, ihren Brüdern, den Söhnen ihrer Brüder und ihrer Schwestern, ihren Frauen, ihren Sklavinnen, den männlichen Bediensteten, die keinen (Geschlechts)trieb (mehr) haben, und den Kindern, die noch nichts von weiblichen Geschlechtsteilen wissen. Und sie sollen nicht mit ihren Beinen (aneinander)schlagen und damit auf den Schmuck aufmerksam machen, den sie (durch die Kleidung) verborgen (an ihnen) tragen . . .«

Die Absicht dieser Stellen ist eindeutig: es geht darum, durch präzise Keuschheitsvorschriften die Frau zu schützen, um sie nicht zum Sexualobjekt männlicher Begierde werden zu lassen. Der Schutz erfolgt in der Praxis durch weitgehende Verhüllung aller weiblichen Reize und durch Absonderung der Frau im sog. Harem, dessen ältester orientalischer Beleg bei den Juden ins 2. Jahrhundert v. Chr. zurückreicht und in 2 Makk. 3, 19 ff bzw. 3 Makk. 1, 18 ff bezeugt ist.[97]

Schleier und Harem sind somit der sichtbarste Ausdruck einer jahrtausendealten Keuschheitssitte im Vorderen Orient. Sie finden sich dort vornehmlich in der städtischen Kultur, da die Agrarstruktur eine solche geschlechtsspezifische Arbeitsteilung nicht zuläßt. Die Frau auf dem Lande arbeitet gewöhnlich unverschleiert auf dem Felde und unterscheidet sich in ihrem Tätigkeitsbereich kaum von dem ihres Mannes. Für die Städter ist dies anders. Nämlich so, wie es in einer Darstellung der jüdischen Religion nachzulesen ist: »Nach dem Prinzip der Arbeitsteilung herrscht die Frau im Hause: ›Die Königstochter ist in voller Herrlichkeit drinnen‹ (Ps 45, 14), während der Mann mehr mit der Außenwelt in Berührung steht, sich der Arbeit, dem Handel oder einem Beruf widmet, um die Bedürfnisse des Lebens für die zu gewinnen, die von ihm abhängen.«[98]

Wie im Judentum gibt es auch innerhalb des Islam viele bekannte Ausnahmen, doch gilt nach wie vor als Tendenz, daß die Frau vornehmlich Herrin des Hauses und Mutter ist, während der Mann die Familie nach außen hin, in der Gesellschaft vertritt. Dem entspricht auch die Sitte, daß vor allem der Mann zum Gebet in die Moschee geht. Dort, wo Frauen zugelassen sind – und dies ist heute in der Mehrzahl der Moscheen der Fall –, sind für sie getrennte Bereiche hinter den Männern oder auf Emporen vorgesehen. Damit reiht sich der Islam nahtlos in die vorderorientalische Umwelt ein, denn bekanntlich sind auch in der jüdischen Synagoge die Frauen von den Männern getrennt.[99]

Dieser kulturelle Aspekt bedeutet nicht, daß die Frau in religiöser Hinsicht anders zu sehen sei als der Mann. Mann und Frau erwartet dieselbe Prüfung im Gericht nach dem Tode (vgl. Koran 33, 35; 57, 12 f., 18), denn beide haben dieselben religiösen Pflichten im Diesseits. Damit ist zugleich angedeutet, daß die in Europa weitverbreitete Meinung, im Islam habe die Frau keine Seele, jeglicher Grundlage entbehrt und falsch ist.

Trotz dieser Gleichbehandlung von Mann und Frau durch Gott im Gericht kennt der Koran eine geschlechtsspezifische Unterscheidung: »Die Männer stehen über den Frauen, weil Gott sie (von Natur vor diesen) ausgezeichnet hat und wegen der Ausgaben, die sie von ihrem Vermögen gemacht haben. Und die rechtschaffenen Frauen sind demütig ergeben und geben acht auf das, was (den Außenstehenden) verborgen ist, weil Gott (darauf) acht gibt. Und wenn ihr fürchtet, daß (irgendwelche) Frauen sich auflehnen, dann vermahnt sie, meidet sie im Ehebett und schlagt sie! Wenn sie euch (daraufhin wieder) gehorchen, dann unternehmt (weiter) nichts gegen sie!« (Koran 4, 34)

Es ist klar, daß dadurch anerkannt und festgeschrieben wird, daß der Mann gesellschaftlich über der Frau steht (vgl. auch Koran 2, 228). Im juristischen Bereich gilt sogar, daß das Wort der Frau nur halbsoviel wert ist wie das des Mannes (vgl. Koran 2, 282). Die Frage, die sich stellt, ist, ob mit einer derartigen Aussage im Koran nur de-facto-Zustände beschrieben werden, wie dies oft mit ähnlichen Regelungen auch innerhalb der Geschichte des Christentums geschah, oder ob dieser Aussage eine grundlegende, gewissermaßen anthropologische Konstante eigen ist.

Konservative Theologen wie der bereits erwähnte Maudoodi (gest. 1979) sehen darin eine Wesensaussage, die an der Schöpfungsordnung selbst abzulesen sei. Ihm zufolge entspricht die Beziehung zwischen den Geschlechtern den komplementären Wirkkräften von Aktivität und Passivität, wonach der Mann als der »aktive« der Frau als dem »passiven« Partner überlegen und übergeordnet sei. Infolgedessen seien Herrschaft, Macht und Autorität *natürliche*, d. h. von der Natur dem Manne verliehene Eigenschaften[100], die man respektieren müsse, weil sie ebenso unabänderliche Geltung beanspruchen wie die Gesetze »des Universums, des Atoms und des Sonnensystems«[101]. Deshalb lädt Maudoodi auch seine »Brüder in Europa und Amerika, in Rußland und Japan«[102] ein, diese Ordnung zu übernehmen und einzuhalten, um den Ruin zu vermeiden, der sich aus der Nichtbeachtung dieses Naturgesetzes zwangsläufig ergibt und den er anhand historischer Beispiele vom Untergang großer Kulturen zu belegen versucht. Die moderne Wissenschaft selbst, d. h. die Biologie, Anatomie, Psychologie und Soziologie, ist ihm Beweis genug, daß die vom Islam vorgeschlagene Ordnung der Arbeitsteilung zwischen den Geschlechtern auch der Natur des Menschen entspricht: die Frau als Gebärerin und Erzieherin der Kinder und der Mann als Ernährer und Beschützer der Familie.[103]

In Maudoodis Buch wird nicht auf die andersartige Rolle der Frau in der Landwirtschaft Bezug genommen. Stattdessen wird ein bestimmtes städtisches Ideal mit der Seinordnung selbst gleichgesetzt. Und man kann gut verstehen, daß bei einer solchen Höherstellung des Mannes die Geburt eines Knaben gewöhnlich mehr Freude auslöst als die eines Mädchens.[104] Andererseits wird im Koran die heidnische Sitte, neugeborene Mädchen lebendig zu begraben, streng verurteilt (vgl. Koran 6, 138; 81, 8 u. ö.). In diesem Verbot sieht man islamischerseits oft einen Beweis dafür, daß der Koran/Islam zur Besserung der Stellung der Frau und zur Festlegung und Sicherung ihrer Rechte beigetragen hat. Es wird jedoch erlaubt sein zu zweifeln, ob die vielfach in der islamischen Literatur ausgemalte heidnische Sitte, neugeborene Mädchen zu vergraben, wirklich weithin befolgt wurde, da es dann zu einem erkennbaren Mangel an Frauen hätte kommen müssen, von dem uns nichts überliefert ist.

Die Aussagen zur Stellung der Frau wären einseitig, würde man nicht die Konkubinen und Sklavinnen sowie die Prostituierten erwähnen. Entgegen dem strengen Prostitutionsverbot des Koran, das die islamischen Theologen ohne Unterlaß wiederholten, blühte dieses Gewerbe zu allen Zeiten in der islamischen Welt. »So soll es nach Chardin 1666 in Isfahan, der glanzvollen Metropole der Safawiden, 14 000 eingetragene ›Damen‹ dieser Art gegeben haben, die als Steuerzahlerinnen – ›non olet‹ gilt offenbar fast überall – auch registriert wurden. Sie lebten in besonderen ›Karawanserais‹ zusammen, unterstanden einer ›Oberin‹, die sie ›auslieh‹. Sie kamen dann begleitet von ein oder zwei Bediensteten zu Pferde zu dem, der sie bestellt hatte. Olearius erzählt aus Kaswin, es gäbe dort einen bestimmten Platz, wo auch viele Kaufleute seien und wo nach Einbruch der Dunkelheit ›nemblich viel Cahbeha oder vnzüchtige Weiber / welche mit verdeckten Angesichtern / in einer langen Reihe sich nach einander stellen / vnd jhre Schandwahren feil bieten. Jegliche hat hinter sich ein alt Weib / Dalal genannt / welche das Bettgerethe / nemlich ein Küssen vnd ein mit Baumwoll gestopfte Decke / auff dem Puckel / vnd in der Hand ein vnangezüchtet Liecht helt. Wen nun jhrer art Leute mit jhnen zu handeln kommen / zündet die Delal das Liecht an / mit welchem der Kehrel sie beleuchtet vnd jhr Angesichte besihet / die jhm am besten gefält / heist Er jhm folgen.‹ Sicherlich auch, um mit den gängigen moralischen Anschauungen seiner Zeit nicht in Konflikt zu geraten, sagt Olearius, er habe das nicht selbst gesehen, sondern man habe es ihm so erzählt.

Auch der Alltag der Sklavinnen war unterschiedlich je nach der Familie, zu der sie gehörten, oder der Position, die sie im Harem einnahmen. Wohl am besten standen sie sich, wenn sie die Ehefrau des Mannes wurden, der sie gekauft hatte, oder dem sie bei der Eroberung als Beutegut zufielen. Dazu war es allerdings erforderlich, daß dieser sie vorher freiließ. Der Koran

empfiehlt in Sure 4:3 die Ehe mit Sklavinnen, und in Sure 2:221 wird sogar die Ehe mit einer gläubigen Sklavin als der mit einer schönen Heidin überlegen erklärt. In der Traditionsliteratur findet sich mehrfach eine Überlieferung, die besagt, wer eine Sklavin ausbilden und zwar gut ausbilden ließe, sie dann freiließe und heirate, der erhalte doppelten Lohn. Vermutlich von rassebewußten Arabern stammt dagegen der Hadīß, wer eine Sklavin freilasse und sie dann heirate, sei wie jemand, der auf seinem Schlachtkamel reite. In der Umayyadenzeit, in der das Arabertum mit seinem Rassenstolz dominierte, wurden solche Ehen verpönt, auch wenn das Gesetz sie billigte. Damals lehnte zum Beispiel eine freie Frau das Heiratsangebot eines Mannes ab, weil seine Mutter eine Sklavin war. Die Abbāsidenherrschaft wirkte in dieser Hinsicht nivellierend, und zwar so sehr, daß nur drei Abbāsidenchalifen freie Araberinnen zu Müttern hatten. Sklavinnen konnten also von nun an zu den höchsten gesellschaftlichen Rängen aufsteigen, und nicht wenige versuchten, in solcher Position auch Einfluß auf die Politik zu nehmen [. . .]
Für schöne, literarisch und künstlerisch gebildete Sklavinnen zahlte man im islamischen Mittelalter traumhafte Preise. Sie feierten in einer Zeit, in der die freie muslimische Frau wie seinerzeit die freie Griechin aus der Öffentlichkeit nahezu ausgeschlossen war, in den Salons der Aristokraten glänzende Triumphe. Die Sklavenhändler wandten alle Kunstgriffe an, um ihre ›Ware‹ dem gängigen Schönheitsideal anzugleichen, und man hatte dieser Ware soviel und aus so unterschiedlichen Teilen der Erde, daß man sie auf ihre Tauglichkeit zu verschiedenen Lebensbereichen, von der Hausarbeit über das Lieben und das Kinderwarten bis hin zu den schönen Künsten und Wissenschaften, klassifizieren konnte.«[105]
Sowohl im heterosexuellen Bereich als auch – wie oben (S. 55f) erwähnt – bei der Homosexualität spielten somit die Sklaven eine wichtige Rolle. Die Abschaffung der Sklaverei in der Neuzeit, die inzwischen wohl auch für die gesamte islamische Welt Wirklichkeit geworden ist, hat wesentlich zur Beseitigung der beschriebenen Zustände beigetragen und somit ein gewisses Maß an Besserung der Sitten zur Folge gehabt.
Ein Aspekt ist bislang noch nicht erwähnt worden, der meist zuerst genannt wird, wenn von der Stellung der Frau im Islam die Rede ist: die vom Koran erlaubte Polygamie, womit wir zugleich den Bereich der Ehevorschriften berühren.

2. Die islamischen Ehevorschriften

a) Polygamie/Monogamie

Es ist bekannt, daß der Koran die gleichzeitige Ehe des Mannes mit mehreren Frauen (Polygynie) vorsieht. So heißt es in Koran 4, 3: »Und wenn ihr fürchtet, in Sachen der (eurer Obhut anvertrauten weiblichen)

Waisen nicht recht zu tun, dann heiratet, was euch an Frauen gut ansteht (?), (ein jeder) zwei, drei oder vier. Und wenn ihr fürchtet, (so viele) nicht gerecht zu (be)handeln, dann (nur) eine, oder was ihr (an Sklavinnen) besitzt! So könnt ihr am ehesten vermeiden, unrecht zu tun.«

Aus diesem Koranvers hat man klassisch die Begrenzung der Polygynie auf vier legitime Frauen abgeleitet und darin einen Fortschritt im Vergleich zum vorislamischen Arabien gesehen. In neuerer Zeit fand vor allem die Empfehlung, nur eine Frau zu nehmen, Beachtung, weil eine Gleichbehandlung mehrerer Frauen als sehr schwierig, wenn nicht sogar als unmöglich galt (vgl. auch Koran 4, 129).

Das islamische Gesetz verlangt darüber hinaus, daß der Mann jeder seiner Frauen einen eigenen Haushalt einrichtet, was die Praxis der Polygynie in der Geschichte stets eingeschränkt und nur auf die Wohlhabenden beschränkt hat. Dementsprechend stellte 1912 T. J. de Boer zutreffend fest: »Monogamie findet sich nahezu allgemein unter den Bauern, sie wird ebenfalls von der Mehrheit der Städter praktiziert.«[106]

Sieht man von den wohlhabenden Schichten und den Hofsitten einmal ab, so diente die Polygynie zur Versorgung von Witwen und weiblichen Waisen, da die Heirat für die Frau oft die einzige Versorgungsmöglichkeit war. Infolgedessen nahmen derartige Ehen vor allem nach den Kriegen zu. An ihnen wird deutlich, daß die Ehe selbst weit mehr den Rang eines Rechtsstatutes als den einer Liebesheirat hat.

b) Eheschließung – Ehescheidung

Die Ehe beruht nach islamischer Vorstellung auf einem zivilrechtlichen Vertrag, der nach Koran 4, 21 »eine feste Verpflichtung«, aber ohne jeden sakramentalen Charakter ist. Vertragspartner sind der Bräutigam und der Vormund (walī) der Braut, d. h. ihr nächster männlicher Verwandter, also meist ihr Vater oder Bruder. Zwei freie männliche oder ein männlicher und zwei weibliche Zeugen müssen zusätzlich zugegen sein. Es wird empfohlen, daß die Braut nicht ohne ihre Zustimmung verheiratet werden soll.

Hauptbestandteil des klassischen Ehevertrages ist die Festlegung des Brautgeldes, das wohl ursprünglich vom Bräutigam als Entschädigung an die Eltern der Braut dafür gegeben wurde, daß dem Stamm der Frau die Söhne, die sie gebären würde, verlorengingen. De facto wurde aber die Brautgabe meist zur Ausstaffierung der Frau eingesetzt. Hinzu kam, daß manch ein Bräutigam bei der Eheschließung nur einen Teil des Brautgeldes zu zahlen hatte, während die Gesamtsumme erst für den Fall der Scheidung in Aussicht gestellt wurde, was de facto dann gewöhnlich eine spätere Scheidung weitgehend verhinderte. Die Höhe des Brautgeldes berechnete sich nach dem Stand und den körperlichen und geistigen Qualitäten der Frau (z. B. Schönheit, Ausbildung, bestimmte Fähigkeiten wie Teppichknüpfen usw.).

Es würde zu weit führen und wäre für diesen Rahmen zu detailliert, wollte man nun sämtliche Regelungen wie etwa die Ehehindernisse oder gar noch die einzelnen Erbschaftsbestimmungen hier aufzählen. Im Unterschied zu der in Europa üblichen Eheform soll lediglich noch eine Institution erwähnt werden, die allerdings nur bei den Schiiten Rechtskraft hat: die sog. Ehe auf Zeit.[107] Es wird dabei von vornherein der Zeitpunkt festgelegt, an dem die Ehe automatisch erlischt.

Dem Vertragscharakter der Ehe entspricht, daß auch die Bedingungen für die Auflösung des Vertrages kodifiziert werden. Das islamische Recht kennt in Anlehnung an den Koran eine Reihe von Scheidungsmöglichkeiten und von Scheidungsgründen. Allgemein läßt sich dazu sagen, daß es für den Mann wesentlich leichter ist, die Ehe mit seiner Frau aufzulösen als umgekehrt. Versorgungsgesichtspunkte werden für die Frau immer wieder mitbedacht, wenngleich die Lösungen aus heutiger Sicht nicht mehr optimal sind. Schließlich wird der Frau noch eine längere Wartezeit vor der Wiederverheiratung auferlegt, die wohl von der Sorge getragen ist, im Falle einer Schwangerschaft nach erfolgter Scheidung die Vaterschaft genau bestimmen zu können.

c) Geburtenkontrolle und Abtreibung

Zu den Vorschriften im Zusammenhang mit der Ehe gehören auch die Regelungen hinsichtlich der Geburtenkontrolle und der Abtreibung. Dabei ist festzustellen, daß es offenbar noch keine einheitliche Stellungnahme zur Geburtenkontrolle gibt.[108]

Zur Abtreibung läßt sich zusammenfassend[109] sagen: Eine in Mekka abgehaltene Konferenz der islamischen internationalen Organisationen forderte die Rückkehr zur strengen islamischen Lehre in Bezug auf die Abtreibung und damit verbunden eine Revision der liberalen Gesetze, die die Abtreibung erlauben. Dabei ist zu bemerken, daß die Position der modernen Rechtsgelehrten konservativer ist als die der klassischen Rechtsschulen. Im Gegensatz zu den Vertretern der klassischen Schulen, die eine Abtreibung vor dem 4. Monat zugelassen haben, setzt sich heute die Tendenz durch, die Abtreibung auch vor diesem Zeitpunkt zu verbieten.

Die allgemeine Tendenz geht heute dahin, diejenigen Meinungen als verpflichtend anzusehen, welche die Schutzbedürftigkeit und Schutzwürdigkeit des menschlichen Lebens vom Zeitpunkt der Zeugung an lehren. Denn ein menschliches Lebewesen sei von Anfang an Gottes Schöpfung. Kein Mensch – auch nicht der in diesem Stadium der Entwicklung und des Wachstums –, so wird betont, sei der Verfügungsgewalt von Menschen – nicht einmal der der Eltern – unterworfen, sondern er sei Sklave, Diener (Koran 19, 93) und Eigentum seines Schöpfers (Koran 10, 68). Daher besitze keiner das Recht, ihn nach eigenem Gutdünken zu töten (vgl. Koran 17, 50).

Eine Schwangerschaftsunterbrechung ist also nur dann zulässig, wenn mit Sicherheit feststeht, daß das Leben der Mutter in Gefahr ist, wenn keine andere Möglichkeit besteht, das Leben der Mutter zu retten als durch Abtreibung, und endlich wenn der Eingriff nach ärztlichem Dafürhalten auch den gewünschten Erfolg bringt. Der Grund für die Ausnahme ist das Prinzip, daß man von zwei Übeln (Leben des Kindes oder Leben der Mutter opfern) das geringere zu wählen hat.

Das islamische Gesetz bietet allerdings keine Patentlösung dar. So bleibt es letztlich der Gewissensentscheidung des Einzelnen im konkreten Falle und den einzelnen Ländern bei der Gesetzgebung überlassen zu entscheiden, wie die Grundprinzipien islamischer Vorstellung konkret Form annehmen können.

In Ägypten, Algerien, Iran, Pakistan und der Türkei ist die Abtreibung grundsätzlich verboten, jedoch bei eng verstandener medizinischer Indikation (zur Rettung des Lebens der Mutter) zugelassen. Diese Länder machen dabei keinen Unterschied zwischen der Zeit vor und nach dem Einhauchen der Seele (gewöhnlich 4 Monate = 120 Tage nach der Empfängnis; nach einigen Rechtsgelehrten gelten für Knaben 3 Monate = 90 Tage und für Mädchen 4 Monate = 120 Tage. Die zuletzt genannten Vorstellungen finden sich in ähnlicher Weise auch innerhalb des Christentums, etwa bei Augustinus.). Infolgedessen lehnen sie auch die Fristenlösung ab, die von den klassischen Rechtsschulen aufgrund des Einhauchungsunterschiedes akzeptiert worden war und zu einer differenzierten Haltung gegenüber der Abtreibung geführt hatte. So folgen diese Länder zwar der Meinung einer Minderheit innerhalb der klassischen Rechtsschulen, aber der Lehre der überwiegenden Mehrheit der religiösen Autoritäten von heute.

Eine weniger eng ausgelegte medizinische Indikation wird in Marokko und Tunesien als ausreichender Grund für eine Schwangerschaftsunterbrechung angesehen. Es geht hier nicht nur um die Rettung des Lebens der Mutter, sondern auch um den Schutz ihrer Gesundheit. Diese beiden Länder haben jedoch Verfügungen erlassen, um eine unkontrollierte und willkürliche Durchführung von Abtreibungen zu verhindern.

In diesem Zusammenhang hat Tunesien die Fristenlösung der alten klassischen Rechtsschulen wieder aufgenommen und eine Abtreibung vor Ablauf des dritten Monats nach Beginn der Schwangerschaft allgemein erlaubt. Tunesien betrachtet diese Bestimmung als ein Regulativ für die Bevölkerungsexplosion und als Teil seiner Bevölkerungspolitik.

3. Die Kinder

Wie in anderen Gesellschaften auch gilt das Kindsein im Islam als eine Vorstufe zum Erwachsensein. Durch die Namensgebung wird das Kind als eigenständiges Wesen von der Gesellschaft anerkannt. Es steht fürderhin unter ihrem Schutz und muß sich den Regeln dieser Gesellschaft fügen.

Zu den besonderen Etappen gehören traditionellerweise die Namensgebung und die Beschneidung, die vom Koran nicht direkt gefordert wird, heute aber allgemein zwischen dem 7. Tag nach der Geburt und dem 15. Lebensjahr regional unterschiedlich und mit sehr verschiedenen Zeremonien durchgeführt wird. Mancherorts werden nicht nur die Jungen, sondern auch die Mädchen beschnitten.[110]

Die Hauptverantwortung für die Erziehung der Kinder liegt bei der Mutter bzw. in der Großfamilie oder in polygynen Haushalten bei den erwachsenen Frauen, die die Kinder mit zunehmendem Alter deutlich auf die geschlechtsspezifisch unterschiedlichen Rollen hinerziehen. Besonderer Wert wird dabei auf Sauberkeit und Artigkeit des Kindes gelegt; Beispiele aus der Überlieferung der Propheten oder anderer großer Gestalten aus Religion und Kultur machen die theoretischen Forderungen anschaulich und nachvollziehbar.

In klassisch islamischer Zeit ging dann der Junge ab dem 7. Lebensjahr ungefähr in die Koranschule, wo er unter der strengen Anweisung eines Lehrers mittels von Koranversen schreiben und lesen lernte und dadurch eine Vorbereitung auf die Wahrnehmung der religiösen Pflichten als Erwachsener (Volljährigkeit mit ca. 13 Jahren) sowie ein Einüben in die elementaren Kulturtechniken erfuhr.

»Der Ḳur'ānschullehrer hat gewöhnlich als ganzes geistiges Rüstzeug nur eine vollständige Kenntnis des Ḳur'āntextes. Er ist unfähig, ihn zu verstehen und zu erklären; er verfügt kaum über grammatische und theologische Kenntnisse [. . .] In den Ḳur'ānschulen lehrt man heute nur den Ḳur'ān ohne irgendwelche Erklärung. Das Ziel ist, daß die Schüler den heiligen Text auswendig lernen [. . .] Man studiert den Ḳur'ān nicht, um ihn zu kennen und zu begreifen. Man lernt ihn auswendig um der Belohnung willen, die in der andern Welt denen versprochen ist, die ihn können, und ferner, um aus der Kraft oder *baraka* des göttlichen Wortes Vorteil zu ziehen [. . .] Die Disziplin wird in der Ḳur'ānschule durch körperliche Züchtigungen aufrecht erhalten. Der Lehrer hat in der Hand einen langen Stock, mit dem er mit mehr oder weniger Rohheit den Kopf des unaufmerksamen Schülers trifft. Um schwere Vergehen zu bestrafen, verurteilt er die Sünder zu einer bestimmten Anzahl von Stockschlägen auf die Fußsohlen.«[111]

Das Zitat aus dem 1941 erschienenen *Handwörterbuch des Islam* enthält viele der Punkte, die neuerdings unter dem Stichwort »Koranschule« mit Blick auf die türkischen Gastarbeiterkinder die bundesrepublikanische Diskussion bestimmen. Obwohl amtliche Stellungnahmen[112] und zusammenfassende Berichte[113] die Gerüchte um die Koranschulen allgemein nicht bestätigen, findet sich, wie das Zitat zeigt, einiges davon – zumindest der Tendenz nach – in dieser klassischen Institution.

Heute ist die Koranschule in den meisten islamischen Ländern durch das staatliche Schulsystem verdrängt worden. Die laizistische Politik der modernen Türkei hat den Einfluß der Religion in den Schulen weitgehend zurückzudrängen versucht, obwohl auch da bald wieder eine Zunahme religiöser Einflüsse im Schulwesen zu beobachten war.[114]

Feststeht, daß auch in der islamischen Welt die Familie der primäre Ort religiöser Sozialisation ist. Da der Islam aber keine Religion der »Innerlichkeit« ist, sondern durchaus einen öffentlich rechtlichen Anspruch erhebt, ist heute der Konflikt zwischen den Generationen dort oft auch von religiös-politischen Auseinandersetzungen geprägt, wobei es keineswegs so ist, daß die Seite der Religion nur von den Älteren/Eltern gegenüber einer nach Liberalisierung und Säkularisierung drängenden Jugend verteidigt wird. Die Fronten gehen quer durch die Generationen. Damit ist jedoch der Bereich der Familie im engeren Sinne überschritten, es sind Fragen des Zusammenlebens in der Gemeinschaft angeschnitten.

V. Das Leben in der Gemeinschaft

Seit der Predigt Mohammeds in Mekka ist Islam keine reine Glaubensange-
legenheit mehr, sondern zugleich das eigentliche Bindeglied für die islamische Gemeinde (*umma*). An die Stelle der Blutsbande, die für den Gemein-
schaftssinn der Stämme und Sippen des vorislamischen Arabien bestimmend waren, ist nun das neue gemeinschaftsstiftende Element: die gemeinsame Religion getreten, und der Koran regelt dementsprechend nicht nur
das Verhältnis des Einzelnen zu Gott bzw. sein Verhältnis zum Glaubens-
bruder, sondern er regelt auch das Zusammenleben der Menschen in der
Gemeinschaft ganz allgemein.

1. Gerechtigkeit

Die ideale Basis für das Zusammenleben ist nach islamischer Vorstellung
die einer absoluten Rechtssicherheit. In klassischer Terminologie ist dies
die Forderung nach der »Gerechtigkeit«, der alle, welchen Rang sie auch in
der Gesellschaft innehaben mögen, in gleicher Weise unterstellt sind.
Dadurch wird das Zusammenleben, sagen die islamischen Theologen, ohne
Willküakte möglich; alles verläuft nach klar kalkulierbaren Regeln, an die
ebenso der Herrscher wie der einfache Mann gebunden ist. Mit aller
Schärfe hat dies – mit Blick auf den Herrscher (d. h. den Schah von Persien)
– Ayatollah Khomeini so formuliert: »Wir brauchen einen Regierungschef,
der im Dienste der Gesetze und nicht seiner Launen oder Leidenschaften
steht; einen Herrscher, für den alle gleich sind, der nicht einzelne bevor-
zugt, sondern seine (eigene) Familie mit denselben Augen sieht, der die
Hände seines Sohnes abhackt, wenn er stiehlt, und seine Brüder und
Schwestern hinrichtet, wenn sie mit Heroin handeln. Er darf nicht verfahren wie gewisse Leute, die einen für 10 Gramm Heroin umbringen,
während sie zulassen, daß die Händlerbanden und der Import im großen
Stil florieren.«[115]
Was also gefordert ist, heißt »Gerechtigkeit« im Sinne einer absoluten
Gleichbehandlung. Nur so ist zu verstehen, daß Khomeini sagt: »Die, die
die Strafen verhängen, dürfen die Anweisungen des Gesetzes nicht übertre-
ten, d. h. sie dürfen nicht einen einzigen Peitschenhieb mehr verteilen, als
vom Gesetz vorgeschrieben, und sie dürfen die Schuldigen nicht belei-
digen.
Nachdem Ali zwei Dieben die Hand abgehackt hatte, behandelte er sie mit
Güte und empfing sie mit solcher Liebenswürdigkeit, daß die Angeklagten
ihn zu verehren begannen; oder als er hörte, daß die Beutearmee Muawijas
eine Frau aus den (ethnischen oder religiösen) Minderheiten schlecht

behandelt hatte, war er so unglücklich darüber und sein Mitgefühl war derart stark berührt, daß er in einer Rede erklärte: ›Wenn nach einem solchen Vorfall ein Mann vor Gram stirbt, kann man ihm keinen Vorwurf machen.‹ Ali, der von einer derartigen Feinfühligkeit war, war aber dennoch fähig gewesen, sein Schwert zu ziehen und die Übeltäter in Stücke zu hauen. Das ist Alis Gerechtigkeit.«[116]

Gerechtigkeit ist hier eine eigenständige Kategorie, die die Anwendung im Sinne eines automatischen Mechanismus voraussetzt. Sie ist deshalb vielleicht am ehesten mit dem Verhalten von Eltern vergleichbar, die ihr Kind wegen Fehlverhaltens gehörig züchtigen, ohne daß sie selbst – und oft auch nicht das Kind – den Eindruck haben, ein solches Verhalten mindere ihre Liebe gegenüber dem Kind. Zu Problemen führt das Verhalten dann – um im Sinne Khomeinis dieses Beispiel weiterzudenken –, wenn beispielsweise ein Mann oder eine Frau immer nur das angetretene Kind züchtigt, das eigene aber beim selben Fehlverhalten ohne Strafe davonkommen läßt. Solches – auf den Staat übertragen – war im Iran der Pahlavis gang und gäbe, obwohl sich – wie die Schulbücher dieser Zeit zeigen[117] – der Schah als Vater des Landes feiern ließ, dem angeblich die gleiche Fürsorge eignete und die gleiche Liebe entgegengebracht werden sollte, wie dies für den Familienvater idealiter zutrifft.

Gleiches Recht für alle[118] war und ist daher die Forderung der islamischen Theologen, und »wahre Gerechtigkeit«, so wird argumentiert, soll die Grundlage des Staates und der Leitfaden für die Wirtschaft wie für jeden anderen Bereich sein.[119] Willkür ist demnach ausgeschlossen. Jeder weiß, was ihm passiert, wenn er das Gesetz übertritt; er weiß auch, daß ihm nichts passiert, wenn er sich an die Anweisungen des Gesetzes hält, und er gewinnt aus der strikten Einhaltung des Gesetzes eine Rechtssicherheit, die ihn froh macht. Für den Fall der Übertretung des Gesetzes nützen ihm – nach den islamischen Theologen: anders als in der »westlichen« Rechtssprechung – keine juristischen Kniffe oder raffinierte Prozeßpraktiken. »Die Gerechtigkeit des Islam ist einfach und leicht. Sie löst alle Probleme des Straf- und Zivilrechts auf die angenehmste, einfachste und schnellste Art, die denkbar ist. Es genügt, daß sich ein islamischer Richter, begleitet von zwei oder drei Gehilfen, mit Federhalter und Tintenfaß in eine Stadt begibt, um über jeden beliebigen Fall sein Urteil zu sprechen und es sofort vollstrecken zu lassen. Halten Sie dagegen, was das gegenwärtig die westliche Gesellschaft an Zeit und Geld kostet mit all diesen Prozeduren, die ein Urteil im Namen von Grundsätzen, die dem Islam fremd sind, umgeben.«[120]

Diesem Gerechtigkeitsideal entspricht, daß man notfalls auch gegen die eigenen Eltern und Verwandten aussagt (vgl. Koran 4, 135). Nur so ist nach islamischer Auffassung eine gerechte Ordnung tatsächlich durchsetzbar. Die »Gerechtigkeit« wird damit zum höchsten Ideal, und es läge nahe, aus diesem Gerechtigkeitsideal auch eine Prädisposition des Islam für demokratische Entscheidungsprozesse abzuleiten.

2. Islamisches Führungsprinzip und Demokratie

Wer der Frage nach dem Verhältnis von Islam und Demokratie nachgehen will, muß zunächst das Wesen des islamischen Staates bestimmen und dabei bedenken: »Der islamische Staat ist nach islamischer Anschauung nicht der Typus oder das Ideal *eines* islamischen Staates, sondern er ist wirklich *der* islamische Staat, d. h. die politische Zusammenfassung aller Muslime, die als solche nur in einer konkreten Staatsgestaltung gegeben sein kann. Dieser islamische Staat (arabisch *umma* genannt, während das gewöhnliche Wort für ›Staat‹ *daula* ist) ist zwar heute angesichts der politischen Zerrissenheit der Islamwelt nur als nicht verwirklichtes Ideal möglich; er ist aber in der Frühzeit des Islam verwirklicht gewesen, und von dieser konkreten Gestalt des islamischen Staates muß man ausgehen, wenn man sich über das Wesen der islamischen Staatsidee klar werden will.«[121]
Für diesen Idealstaat der islamischen Frühzeit gilt nach den Theoretikern der Staatsidee nun dies: »hier ist Religion das staatsbildende Prinzip; der Staat ist durch religiösen Impuls auf religiöser Grundlage erwachsen, der religiöse Zusammenschluß hat sich in staatlicher Form vollzogen [. . .] hier ist der Staat Religionsstaat [. . .] Er ist Träger der religiösen Idee und damit eine religiöse Institution [. . .] Seine Vollendung erhält der religionsstaatliche Gedanke durch die unmittelbare Verbindung der Staats- mit der Gottesidee. Der islamische Staat ist ursprünglich ebenso wie der jüdische Staat der nachexilischen Zeit eine Theokratie im wahrsten Sinne des Wortes: Oberhaupt des Staates ist Gott selbst. Da beide Religionen monotheistisch sind, muß die Theokratie in beiden Fällen monarchisch sein. Gott ist aber unsichtbar; er bedarf deshalb, um den Staat zu leiten, eines irdischen Vermittlers, durch den er sich offenbart. Dies ist im Islam der Prophet als der Gesandte Gottes.«[122]
Nach Mohammeds Tod haben allein seine Offenbarungen, die im Koran niedergelegt sind, Weisungscharakter. Die politische Leitung der Gemeinde übernahm ein Stellvertreter oder Nachfolger (arab.: ḫalīfa, eingedeutscht: Kalif), der sich auf keinerlei Offenbarung oder göttliche Eingebung, wie sie Mohammed zuteil wurde, berufen konnte. So stand der Kalif wie jeder andere Muslim auch unter dem Wort des Koran und wußte dadurch, daß er für sein Tun dereinst im Gericht vor Gott Rechenschaft ablegen muß. Die Einhaltung der koranischen Vorschriften war so eine Gewissensangelegenheit des Herrschers. Eine irdische Kontrollinstanz für dieses Tun kennt der sunnitische Islam nicht. Dementsprechend hat auch die Beratung oder Konsultation (šūrā), eine Art Lagebesprechung des Kalifen mit hochrangigen Persönlichkeiten und Getreuen, keine kontrollierende oder legislative Funktion. Sie war infolgedessen auch nicht der Prototyp eines Parlamentes, wie es muslimische Reformer im 19. Jahrhundert und viele islamische Theologen in diesem Jahrhundert behaupteten und dann naturgemäß in der Frage uneins bleiben mußten, ob diese Konsultation eine dem Herrscher obliegende Pflicht oder nur eine Emp-

fehlung ist. Stattdessen ist Martin Forstner zuzustimmen, wenn er feststellt: »Es war jedoch niemals eine Aufgabe der Konsultation, Entscheidungen zu treffen, Gesetze zu erlassen, die Finanzen oder die Regierung zu kontrollieren, worauf die modernen arabischen Staatsrechtler selbst hinweisen, während manche islamische Theologen, in Verkennung der historischen Tatsachen und gefangen in idealisierenden Vorstellungen, meinen, dies sei alles Aufgabe der Konsultation gewesen. Während in der Zeit der ersten Kalifen die Berater sich aus der nächsten Umgebung des Herrschers rekrutieren, deren Rat er einholte und vielleicht auch in seiner Regierungstätigkeit befolgte, wurde die Konsultation nur im Umaiyadenreich von Andalusien eine feste Institution, also in einem abseits gelegenen Teil der islamischen Welt. Unter den Kalifen des Ostens wurde sie niemals zu einer offiziellen Einrichtung, wenngleich die Gelehrten in der Theorie daran festhielten.«[123]

Vielleicht hat A. G. Samarbakhsh[124] recht, wenn er in der Einheitspartei, die heute in vielen islamischen Ländern, angeführt von einem diktatorisch regierenden Führer, die Richtlinien der Politik bestimmt, eine ideale Adaptation auf nationaler Ebene von dem sieht, was die islamische Tradition im Regierungsstil des Kalifen ihr eigen nannte. Der Raïs oder Zaïm hätte dann die Rolle des Kalifen; die Nation träte an die Stelle der umma; die Massenunterstützung ersetze die Demokratie westlichen Stils, der Libyens Staatschef Gaddafi sogar vorwirft, im Grunde genommen eine Diktatur zu sein: »Ein politischer Kampf, dessen Ergebnis der Sieg eines Kandidaten mit 51% Stimmenanteil ist, führt zu einem als Demokratie bemäntelten didaktorischen Regierungsapparat, da 49% der Wählerschaft von einem Herrschaftsinstrument regiert werden, für das sie nicht gestimmt haben, sondern das ihnen auferlegt worden ist. Das ist Diktatur.«[125]

Und Gaddafi weiß hierfür sogar ein Gegenrezept: »Volkskongresse«. Sie »sind das einzige Mittel, um Volksdemokratie zu erreichen. Jedes andere Regierungssystem außer den Volkskongressen ist undemokratisch, es sei denn, sie nähmen diese Methoden an. Volkskongresse sind das Ende der Massenbewegung auf ihrer Suche nach Demokratie. Volkskongresse und Volkskomitees sind die endgültige Frucht des Kampfes der Völker um Demokratie.«[126] Das Rezept klingt in der Tat gut, läßt aber sehr viele Fragen offen, die durch die demokratische Mehrheitsentscheidung beantwortet sind. So erfährt man z. B. nichts darüber, wie diese Volkskongresse handlungsfähig bleiben sollen, wenn nicht alle Leute dasselbe wollen und Mehrheitsentscheidungen als Diktatur verschrieen sind.

Typisch sind diese Gaddafi-Zitate insofern, als auch viele andere Muslime gerne die theoretischen Grundprinzipien beschwören und mit mehr oder weniger Pathos oft ausmalen, dabei aber konkrete Konfliktstoffe geflissentlich übergehen, so daß sich Lösungsmöglichkeiten oder Lösungsversuche dafür von selbst erübrigen.

Mißt man den islamischen Staat am Maßstab westlicher Demokratien, für die Volkssouveränität, Volksvertretung, Parteien, Gewaltenteilung und

Gleichheit der Bürger unverzichtbare Merkmale sind, so muß man nüchtern und sachlich feststellen, »daß der abendländische parlamentarische Demokratiebegriff in entscheidenden Punkten von den islamischen Werten abweicht. Es ist nicht etwa ein gradueller Unterschied in dem Sinne, daß die islamische Doktrin weniger oder gar mehr Demokratie biete, sondern der Unterschied ist essentiell. Die Staatsdoktrin des sunnitischen Islam beschreibt ein System völlig eigener Art. Im 19. Jahrhundert, aber auch im 20. Jahrhundert versuchten muslimische Reformer wiederholt, den Nachweis zu führen, daß das islamische ein demokratisches System sei. Heute aber, nach Überwindung des ehemals vorhandenen Unterlegenheitsgefühls, wird mit zunehmendem Selbstbewußtsein proklamiert, die islamische sei weder mit einer demokratischen oder einer totalitären, noch mit irgendeiner anderen Regierungsform zu vergleichen.

Wenn wir feststellen, daß der Islam kein demokratisches System darstellt, so ist damit keine Wertung verbunden. Gefährlich wäre es jedoch, die prinzipiellen Unterschiede zwischen beiden Regierungsformen zu verschleiern oder so zu tun, als ob sie im Grundsätzlichen übereinstimmten und lediglich Äußerlichkeiten beide trennten, was nach dem vorher Gesagten ja keineswegs der Fall ist. Bedeutungsvoll ist auf jeden Fall, daß ein Muslim danach zu trachten hat, daß ein seinem Glauben gemäßes Regierungssystem verwirklicht wird.«[127]

Das Bemühen, um ein dem Glauben gemäßes Regierungssystem darf nicht vorschnell mit »Mission« im christlichen Sinne verwechselt werden.[128] Bis heute gibt es noch christliche und jüdische Kommunitäten innerhalb der islamischen Welt, und Koran und Šarīʿa garantieren deren Fortbestehen.

3. Recht und »Gastrecht« (ḏimma)

Die »Verfassung von Medina« geht von einer Koexistenz zwischen Muslimen und Juden aus, wobei den »Juden ihre Religion und den Muslimen die ihre« garantiert wird. Ähnliches gilt für den Koran, der den »Leuten des Buches« (Juden, Christen, Zoroastriern) an vielen Stellen einen Sonderstatus einräumt (vgl. oben S. 29ff). Die konkrete Form dieses Sonderstatus war eine Art »Gastrecht«, das im Laufe der Geschichte sehr rasch mit einer speziellen Kopfsteuer[129] gekoppelt war, die – ähnlich wie im römischen Reich – als Ersatz für den Dienst mit der Waffe, zu dem die Muslime verpflichtet waren, zu entrichten war. Die Prinzipien für dieses »Gastrecht« (ḏimma) wurden – vom Koran ausgehend – wie in anderen Bereichen auch im Laufe der Jahrhunderte von den islamischen Religionsgelehrten (ʿulamāʾ) immer mehr verfeinert und zum System ausgebaut. Danach gilt für die ḏimmī: »Den ›Leuten des Buches‹ – nicht aber den Heiden – wird die Ausübung ihres Glaubens zuerkannt, sie dürfen nicht zum Übertritt zum Islam gezwungen werden. Der angebliche Vertrag des Kalifen ʿUmar mit den Nichtmuslimen, der als Vorbild gilt, aber eine Fiktion darstellt, gewährleistet den ›Leuten des Buches‹ das Recht auf

Leben, Heimat und Ausübung der Religion gegen die Verpflichtung, Tribut an die Muslime zu zahlen. Eine ganze Anzahl von Vorschriften ist einzuhalten. Diese haben sich im 9. Jahrhundert in ihrer endgültigen Form herausgebildet. Sie erfassen Bereiche, die bei strikter Anwendung den Nichtmuslimen zum Bürger zweiter Klasse machen. Ein Christ oder Jude durfte niemals versuchen, einen Muslim zu bekehren; ein Muslim konnte eine Christin oder Jüdin heiraten, aber niemals ein Christ oder Jude eine Muslimin. Kleiderordnungen (gelber Gürtel oder gelbes Abzeichen) und sonstige Verhaltensvorschriften sorgten für eine klare Unterscheidung zwischen den Gläubigen und den Ungläubigen. Der Status der Nichtmuslime verschlechterte sich durch die Unduldsamkeit der 'ulamā', die seit dem 14. Jahrhundert die Vorschriften sehr eng auslegten, und dies führte im 18. Jahrhundert zu einer Statusinkonsistenz der nichtmuslimischen Minderheiten. Als Napoleon in seinem Aufruf an die Ägypter auch von der égalité der Bürger sprach, stieß er bei Muslimen und Nichtmuslimen auf völliges Unverständnis.«[130]

Inzwischen ist diese Ungleichheit vielen dimmī bewußt geworden. Sie nehmen es nicht mehr hin, daß alle Führungspositionen im islamischen Staate von Muslimen besetzt werden, und engagieren sich deshalb oft – was viel zu wenig bekannt und bislang kaum untersucht ist – in den sog. »linken« Bewegungen der islamischen Welt, da sie glauben, daß ihre Aufstiegsmöglichkeiten erst durch ein Zurückdrängen des islamischen Einflusses gesichert sind. Als besonders markantes Beispiel sei hierfür der Christ Michel Aflak genannt, auf den die Baath-Partei zurückgeht, die – wenn auch mit unterschiedlicher Ausrichtung – zur Zeit in Syrien und im Irak die Richtlinien der Politik bestimmt.

Die Anwendung des »Gastrechtes« gewährt den dimmîs eine gewisse Eigenständigkeit im juristischen Bereich. Darauf rekurrierten z. B. 1978 die Christen in Ägypten und erhoben die Forderung nach einem eigenen Standesrecht. »Anlaß zu diesem Schritt gab ein Urteil des Ägyptischen Appelationsgerichts, das allen Ägyptern, nicht nur den Muslimen, sondern auch den Christen, die Polygamie erlaubte.«[131] Das Beispiel zeigt anschaulich die praktische Konsequenz dieses »Gastrechtes«. Es wird den »Leuten des Buches« für ihren eigenen Bereich ein eigenes Recht zugestanden, sofern dieses zum islamischen Recht nicht in direktem Widerspruch steht. Der Staat hat somit die Pflicht, für die Einhaltung der je eigenen Rechtsordnungen Sorge zu tragen, er überläßt die Ausformulierung dieses Rechtes den religiösen Instanzen der entsprechenden Gruppen. Dadurch haben sich auch bei den Christen innerhalb des islamischen Reiches oft umma-ähnliche Strukturen herausgebildet. Verständlich wird nun auch, weshalb christliche Gruppen etwa vornehmlich in geschlossenen Ansammlungen zusammenwohnen (Ghettos?) und dort für Recht und Ordnung unter ihresgleichen sorgen können, während das vereinzelte Auftreten christlicher Familien inmitten einer islamischen Umwelt nur ungern gesehen wird.

Vergleicht man also den islamischen Staat mit dem modernen Staat im europäischen Sinne, so wird deutlich, daß innerhalb des Islam ein Großteil der Rechte, die in Europa der Staat selbst wahrnimmt, bei der Religionsgemeinschaft liegen. Dazu gehört auch das Strafrecht, das etwa bei den orientalischen Christen anders gehandhabt wird als bei den Muslimen. Selbst der Schutz des Lebens obliegt nicht dem Staat, sondern – wie in vielen Gesellschaften – der Sippe oder dem Clan, wodurch das Leben des Einzelnen geschützt bzw. nach dessen widerrechtlichen Verlust gerächt wird. Dieses Fehdewesen, gemeinhin bei uns als Blutrache (lex talionis) bekannt, verhindert so, daß der Einzelne zum Freiwild für Mörder wird. Bekanntlich war die Fehde auch in Europa üblich, bis der moderne Staat den Schutz des Lebens seiner Bürger übernahm und dementsprechend die Entwaffnung der Bürger durchsetzen konnte. Solange diese Schutzfunktion des Staates wirksam ist, erscheint das Fehdewesen leicht kurios und rückständig. Die Erfahrung mit dem Terrorismus in der Bundesrepublik Deutschland hat neuerdings auch hier zu ersten Angeboten für private Body-Guards geführt und dadurch deutlich gezeigt, wie schnell auch der Mensch in der modernen Industriegesellschaft geneigt ist, zu Selbstschutzmaßnahmen zu greifen, wenn der vom Staat garantierte Schutz nicht mehr ausreichend gesichert erscheint.

Neben dem Fehdewesen lösen bei vielen Europäern vor allem die drastischen Strafen des islamischen Strafgesetzbuches (z. B. Auspeitschen, Handabhacken etc.) immer wieder Unverständnis und Entsetzen aus. Man fordert auch für die islamische Welt einen humanen Strafvollzug und hat in den letzten Jahrzehnten dafür sogar Unterstützung aus den Reihen der Muslime selbst erhalten. Inzwischen scheint sich bei den Muslimen ein Umdenken abzuzeichnen. Man bezweifelt den Wert des sog. »humanen Strafvollzuges« und führt zum Beweis die europäischen Kriminalstatistiken an, die ein rasches Ansteigen der Zahl der Delikte verbuchen und dadurch zu beweisen scheinen, daß diese neue Art des Strafvollzuges offenbar mögliche Delinquenten nicht hindert, straffällig oder nach verbüßter Strafe erneut rückfällig zu werden. So beginnt man, wieder laut über die uneingeschränkte Anwendung des islamischen Strafgesetzes nachzudenken, von dessen abschreckender Wirkung man überzeugt ist und wofür man genügend historisches Beweismaterial zu haben glaubt. Pakistan, Iran und Saudi-Arabien sind bereits erste konkrete Beispiele für eine derartige Rückkehr zur klassischen Strafjustiz.

4. Die islamische Wirtschaftsordnung

Das Abrücken von europäischen Vorbildern und Empfehlungen zeigt sich durch eine neue Hinwendung zum Ideal des islamischen Staates auch im Bereich der Wirtschaftsordnung.[132] An immer mehr Universitäten der muslimischen Länder wird neuerdings das Fach »Islamic Economics« gelehrt, wobei sich mit der Bezeichnung »islamische Wirtschaftslehre« recht unterschiedliche Inhalte verbinden, die sich in zumindest drei große Richtungen unterteilen lassen:

a) Einer ersten Gruppe von Autoren dient das Beiwort »islamisch« dazu, ihren Vorstellungen nicht einen besonderen Inhalt, sondern eine besondere Öffentlichkeitswirksamkeit und politische Attraktivität zu geben. So tritt man beispielsweise für eine muslimische Wirtschafts- und Währungsunion ein, die in erster Linie die ökonomische Unabhängigkeit der muslimischen Länder von den westlichen und östlichen Staatenblöcken herbeiführen bzw. sichern soll. Das ist jedoch ein Standpunkt, der immer wieder auch von anderen Ländern bzw. Ländergruppen der Dritten Welt vorgetragen wird und nichts enthält, was man als spezifisch »islamisch«, d. h. auf den Koran oder die Sunna zurückführbar bezeichnen könnte.

b) Eine andere Gruppe von Autoren setzt sich zwar inhaltlich mit dem »islamisch« auseinander, doch geht es dabei vornehmlich darum, Ideologien und Lehren, die außerhalb der islamischen Welt entwickelt worden sind, in die eigene Welt zu übertragen und ihre Vereinbarkeit mit der islamischen Lehre zu beweisen. Beispiele hierfür wären die Propagierung eines »islamischen Sozialismus« oder das Bemühen, eine (europäische) Wohlfahrtsstaats-Ideologie als das am besten zum Islam passende wirtschaftspolitische Programm darzustellen. Dabei interpretiert man in der Regel den Islam so, daß er mit der vorgegebenen Ideologie vereinbar wird, während es ja bei einem »wirklich islamischen« Ansatz genau umgekehrt sein müßte.

c) Die letzte, hier zu besprechende Gruppe von Autoren scheint sich tatsächlich um den eigentlich islamischen Ansatz zu bemühen. Dabei ist allerdings die Frage erlaubt, ob dieser Ansatz bereits schon zu brauchbaren Ergebnissen geführt hat, d. h. eine theoretisch fundierte, konsistente Konzeption einer islamischen Wirtschaftsordnung hervorgebracht hat.

Für die Ausführungen hier sind trotz alledem vor allem die Ansichten der zuletzt genannten Gruppe von Autoren von Belang. Sie alle sind davon überzeugt, daß Koran und Sunna in aller Klarheit die Ideale, Werte und Prinzipien liefern, die der Mensch braucht, um sein individuelles und gemeinschaftliches Leben auf Wahrheit und Gerechtigkeit zu bauen.

Volker Nienhaus, dem diese Ausführungen direkt folgen, hat die katholische Soziallehre mit der islamischen Wirtschaftslehre verglichen und mit Blick auf die beiderseitigen Grundlagen einen verblüffenden Grad von Gemeinsamkeiten zwischen der Wirtschaftslehre der Kirchenväter und jener Wirtschaftslehre festgestellt, die die islamischen Rechtsgelehrten aus Koran und Sunna zusammengetragen haben und die auch den Theoretikern eines islamischen Wirtschaftssystems als Grundlage für ihre Gedankengebäude dient. Die Gemeinsamkeiten werden nach Nienhaus verständlich, wenn man bedenkt, daß die Lehren der aus den östlichen Mittelmeerländern und Afrika stammenden Kirchenväter in relativ zeitlicher und geographischer Nähe zu den Lehren Mohammeds entstanden sind. Damit soll nicht behauptet werden, Mohammed hätte nur die christlichen Lehren übernommen (was dann leicht zum Vorwurf mangelnder Originalität oder gar der Verfälschung der richtigen Lehre führt); es soll lediglich damit gesagt sein, daß offenbar sowohl die sozialen Mißstände und moralischen Probleme als auch die Vorstellungen zu ihrer Beseitigung sowie die von einem Kodex für ein gerechtes, moralisch einwandfreies Verhalten sehr ähnlich waren.

Die Grundzüge dieser christlichen und islamischen Wirtschaftsethik, deren Formulierung sich fast gleichlautend bei christlichen und islamischen Autoren nachweisen läßt, lauten thesenartig zusammengefaßt ungefähr so:

1. Der Mensch ist ein Geschöpf Gottes. Deshalb muß die Religion das ganze Leben des Menschen prägen, d. h. auch sein soziales und ökonomisches umfassen und wenn nötig neu gestalten. Da der Mensch als Ebenbild bzw. Stellvertreter Gottes geschaffen wurde, ist alles, was existiert, zu seinem Gebrauch da. Irdischer Reichtum ist somit nicht an sich schlecht, sofern er rechtmäßig erworben wurde. Doch birgt der irdische Reichtum andererseits auch Gefahren in sich – insbesondere die zu übersehen, daß es höhere Reichtümer als die irdischen gibt. Der Mensch bedarf daher der (durch den Propheten oder die Kirche vermittelten) Anleitung und Führung Gottes sowohl hinsichtlich des Erwerbs als auch für den rechten Gebrauch der irdischen Güter.

2. Aus dem Gesagten folgt unmittelbar die Lehre vom Eigentum: Das letzte, absolute Eigentumsrecht an den irdischen Gütern ist Gott allein vorbehalten, der Mensch hat nur ein abgeleitetes Eigentumsrecht, eine Art Nutzungsrecht. Er darf daher die irdischen Güter nicht nach seiner Willkür verwenden, sondern muß seinen Willen dem göttlichen unterordnen. Diese Welt und ihre Reichtümer sind der Menschheit insgesamt zur Nutzung übergeben. Wenn auch das Sondereigentum des Einzelnen grundsätzlich anerkannt wird, so unterliegt das Privateigentum doch auch einer bemerkenswerten Sozialbindung und -verpflichtung, die insbesondere in der Lehre vom Gebrauch der irdischen Güter ihren Niederschlag findet.

In neuerer Zeit diskutiert man einerseits die grundsätzliche Berechtigung des Privateigentums an Produktionsmitteln und an Bodenschätzen, andererseits – da die Menschheit insgesamt auch die kommenden Generationen einschließt – den Schutz der Umwelt und der natürlichen Ressourcen vor vorzeitiger Erschöpfung.

3. Die Lehre vom Erwerb irdischer Güter verlangt, daß dieser primär auf eigener Leistung, d. h. auf körperlicher und geistiger Arbeit beruhen soll; er muß auf gesetzlicher Weise erfolgen, d. h. weder durch betrügerische Manipulationen in einem an sich erlaubten Erwerbszweig noch durch Tätigung von verbotenen Geschäften.

a) Die eigene Arbeit – auch und gerade über das zur Sicherung des eigenen Lebensunterhalts ausreichende Maß hinaus – wird positiv bewertet: einerseits als eine besondere Art des Gottesdienstes, andererseits als Weg, Überschüsse zu erwirtschaften, die als gottgewolltes Almosen zum Unterhalt Bedürftiger verwendet werden können.

b) Die Gewerbetreibenden werden immer wieder ermahnt, sich betrügerischer Manipulationen z. B. bei Maßen und Gewichten zu enthalten, den Arbeitern den gerechten Lohn unverzüglich zu zahlen und sich nicht an der Herstellung von oder dem Handel mit verbotenen Dingen zu beteiligen.

c) Als Erwerbsquelle war Christen wie Muslimen der Geldverleih gegen Zinsen verboten, denn in der Art, wie die meisten Zinsgeschäfte damals abgewickelt wurden, mußte man zweifellos einen Verstoß gegen Moral- und Gerechtigkeitsvorstellungen erblicken: Kredite waren überwiegend Notkredite, d. h. sie mußten z. B. nach einer Mißernte von den Bauern zum Bestreiten des Lebensunterhaltes aufgenommen werden, und es war üblich, den Schuldbetrag zu verdoppeln, wenn zum Fälligkeitstermin (in der Regel nach einem Jahr) der ausgeliehene Betrag nicht voll zurückgezahlt werden konnte (was unter den genannten Bedingungen fast regelmäßig so war bzw. sein mußte).

4. Die Lehre vom Gebrauch der irdischen Güter verlangt beim Gebrauch zu eigenen Zwecken generell Mäßigung. Öffentliche Entfaltung von Luxus und ausschweifende Lebensweise sind verpönt. Wesentlicher für wirtschaftspolitische Betrachtungen sind allerdings die Regeln für den Gebrauch der Güter zu sozialen Zwecken. Generell gilt, daß alle Menschen einen Anspruch auf alles haben, was Gott der Menschheit zur Verfügung gestellt hat. Mit diesem Grundsatz sind extreme Ungleichverteilungen der irdischen Güter nicht vereinbar. Daher gibt es eine moralische Verpflichtung des Einzelnen, Überschüsse an die Armen und Bedürftigen abzugeben, und umgekehrt haben diese zumindest ein moralisches Recht auf die Teilhabe am Reichtum der Gesellschaft. Wenn die Reichen ihrer Verpflichtung zum Almosen bzw. zur Hingabe des Überflusses nicht oder nicht ausreichend nachkommen, hat der Staat das Recht und die Pflicht, über Steuern und Unterstützungszahlungen jedem Einzelnen wenigstens das Existenzminimum zu garantieren. Im Islam wurde dem schon von Beginn an in Gestalt der sog. Almosensteuer (zakāt) Rechnung getragen, im Christentum ist diese heute ebenfalls unbestrittene Forderung erst nach den Kirchenvätern (die das freiwillige Almosengeben als Tugend propagierten) in die Lehre aufgenommen worden.

Wenn man die Wirtschaftslehre der Kirchenväter und des Islam in ihrer Gesamtheit miteinander vergleicht, so findet man Unterschiede zwischen beiden weniger in abweichenden Meinungen zu einzelnen, in beiden Lehrsystemen behandelten Fragen als vielmehr darin, daß es in beiden Lehrgebäuden Teilbereiche und Fragenkomplexe gibt, die von der jeweils anderen Lehre nicht (oder nur am Rande) behandelt werden. Darin scheinen aber weniger grundsätzliche Unterschiede in den Ordnungs- und Moralvorstellungen zum Ausdruck zu kommen als vielmehr unterschiedliche konkrete Probleme, mit denen sich die Vertreter der Lehren in ihrem jeweiligen sozialen Umfeld zu beschäftigen hatten.

So gibt es beispielsweise im Islam ein eindeutig festgelegtes Erbrecht, dessen wichtigste Vorschriften sich im Koran finden. Dieses Erbrecht zählt neben dem Zinsverbot und der Almosensteuer zu den wichtigsten konstitutiven Merkmalen eines islamischen Wirtschaftssystems. Die Rückführung auf den Koran macht das Erbrecht zu einem unveränderlichen göttlichen Recht.

In deutlichem Gegensatz zur katholischen Soziallehre, für die Wandlungen der Auffassungen durchaus möglich sind, steht die Überzeugung der Muslime, daß Koran und Sunna primäre Erkenntnisquellen für alle Leitlinien des islamischen Wirtschaftssystems sind. Alle anderen Methoden und Erkenntnisse sind demgegenüber sekundär, denn der Islam ist ein vollständiger und vollkommener Schlüssel zum Leben und akzeptiert deshalb keine Teilreformen oder Kompromißlösungen.

Die Erkenntnisse, die z. B. die Wirtschaftswissenschaft europäischen Stils nach dem herrschenden Selbstverständnis hervorbringen kann, sind demgegenüber lediglich raum- und zeitgebundene, vorläufig bewährte Hypothesen, von denen es zur Erklärung ein und desselben Sachverhaltes gleichzeitig mehrere, miteinander konkurrierende und sich widersprechende Aussagen geben kann und oft auch gibt. Sie sind daher nach Ansicht der Muslime auf der Ebene von Meinungen zu diskutieren, über die die ewig gültigen Prinzipien der Offenbarung erhaben sind und deshalb nicht in gleichem Maße zur Diskussion stehen oder gestellt werden dürfen. Lediglich auf dem Wege der Deutung kann manches davon in einem anderen Lichte erscheinen, und die mittelalterlichen »Kniffe« (arab.: ḥila, pl. ḥiyal)[133] zeigen anschaulich, wie weit scholastisch geschulte Gelehrte hierbei gehen können.

Durch die klassischen Prinzipien wird die Diskussion heute häufig und gerne in die traditionellen Bahnen von Wucher- oder Zinsverbot gelenkt. Es wird dadurch leicht übersehen, daß diese Prinzipien zu vielen modernen Problemen wie Arbeitslosigkeit, Gewerkschaftsbewegungen, Unterentwicklung, Geld- und Investitionspolitik etc. praktisch nichts Wichtiges zu sagen haben. Den modernen Methoden und Theorien von Verteilung und Versorgung hat der klassische Islam nichts Gleichwertiges gegenüberzustellen. Deshalb enden solche Diskussionen meist mit der beschwörenden Feststellung, daß es doch unter Mohammed gut geklappt hat und es den Menschen damals – jedenfalls in der retrospektiven Verklärung dieser Epoche – wohlerging. All dies macht deutlich, daß es bis zur Ausfaltung einer islamischen Wirtschaftsordnung, die für alle Probleme der modernen Welt dank einer konsistenten Theorie Lösungsvorschläge bereithält, noch ein weiter Weg ist.

5. Der islamische Staat und die Völkergemeinschaft

Der Anspruch des Islam betrifft den ganzen Menschen und will infolgedessen auch dessen Lebensraum umfassend prägen. Dies ist ebenso deutlich geworden im familiären Bereich wie für das Zusammenleben der Menschen im Staat. Was immer Menschen, Herrscher und Beherrschte, tun, hat somit einen Bezug zum göttlichen Gesetz, und wäre es nur der, daß diese konkrete Tat im Sinne der göttlichen Gebote und Verbote als »neutral« anzusehen ist.[134] Es ist daher folgerichtig, daß auch das Verhältnis des islamischen Staates zu den anderen Staaten in diesem Rahmen zu sehen ist.

Wieder liegen nur relativ unpräzise Konzepte vor, die auf viele unserer Fragen die Antwort schuldig bleiben. Einigermaßen konkret sind diesbezüglich jedoch die Vorstellungen der Moslembruderschaft, die von dem Ägypter Ḥasan al-Bannā' (1949 ermordet)[135] im März 1928 gegründet wurde und heute als militant-fundamentalistische islamische Erneuerungsbewegung weit über Ägypten hinaus Zulauf und politischen Einfluß hat. Danach gilt:

»Das klassische Kriterium islamischer Legitimität für Staat und Gesellschaft ist die religiöse Motivation. Solange Staat und Gesellschaft sich als Garanten der Religion begreifen, sind sie islamisch legitimiert. Für die politische Organisation, den Staat, bedeutet dies, daß er sich als Instrument des Glaubens zu verstehen hat. Wahrung des Glaubens heißt konkret die Durchsetzung des göttlichen Gesetzes, der Šarīʿa; Ausbreitung des Glaubens heißt Ǧihād (vgl. oben S. 38 f – P. A.) bis hin zum Endziel, also der Islamisierung des gesamten Erdkreises. Versagt der Staat in diesem ihn legitimierenden Auftrag, so ist er unislamisch.

Von da her definiert die Bruderschaft den islamischen Staat und die islamische Regierung. Ihre organisatorische Ausgestaltung erscheint daneben von ganz und gar untergeordneter Bedeutung. ›Der islamische Staat gründet nur auf dem Aufruf . . . er ist nicht Verwaltung oder Regierung seiner tauben und unbelebten Materie‹, heißt es bei al-Bannā'. Die wahre Staatsführung nennt er ›Ausführungsorgan der göttlichen Vorschriften des Islam‹ und ›Vollstreckerin der Urteile des Islam und seiner Lehre.‹ Und was er von ihr fordert ist ungeschmälerte islamische Pflichterfüllung nach den Maßstäben der klassischen Theorie, also Šarīʿa und Ǧihād. Für die Verwirklichung stellt er verlockende Perspektiven in Aussicht: ›Wenn wir eine islamische Regierung hätten, wahr im Islam, aufrichtig im Glauben, unabhängig im Denken und im Handeln, die den Besitz der Wissenschaft und die Erhabenheit der ererbten islamischen Ordnung als größten Schatz in ihren Händen erkennt, die glaubt, daß diese Ordnung das Heilmittel für ihr Volk und die Führung für die Menschen insgesamt ist, dann müßten wir diese Regierung auffordern, die Welt im Namen des Islam zu stärken und von anderen Staaten zu verlangen, diese Ordnung zu prüfen und zu untersuchen, dann müßten wir sie dazu drängen, durch wiederholte Aufforderungen und Überredung, durch Hinweise und aufeinanderfolgende

Abordnungen, durch andere Mittel des Aufrufs und der Hinführung; so würde sie dann eine geistige, politische und handelnde Position unter den anderen Regierungen erzielen und fähig sein, die Vitalität des Volkes zu erneuern, es dem Ruhm und dem Lichte entgegenzutreiben und in ihm Begeisterung, Eifer und Aktivität zu erwecken.‹«[136]

Die ganze Bewertung dieses Aufrufes hängt also vom rechten Verständnis des Begriffes »ǧihād« ab, zu dem praktisch zwei unterschiedliche Konzeptionen innerhalb des Islam vorliegen: die eine impliziert die militärische Komponente im Sinne des sog. »hl. Krieges«; die andere sieht darin eine geistige »Anstrengung«, wie sie immer wieder von der Mystik[137] vertreten wurde und neuerdings auch als Kampf gegen Elend, Unterentwicklung und Hunger interpretiert wird. Mit Recht stellt folglich Khoury zusammenfassend fest: »Sieht man von der apologetischen Intention mancher Autoren ab, so darf man die neue Interpretation des Djihād in der heutigen Literatur mit besonderem Interesse verfolgen. Denn sie kann dazu beitragen, daß dort, wo das islamische Recht zum Fundament der staatlichen Politik gemacht wird, die Beziehungen der Muslime zu den Nicht-Muslimen auf eine offenere Grundlage aufgebaut werden. Vielleicht ist es doch nicht vermessen zu hoffen, daß der zeitgenössische Islam eine Gesellschafts- und Staatsstruktur findet, durch die er ohne Identitätsverlust seine wahre Rolle in der Welt erfüllen kann, als ›Zeuge für die Gerechtigkeit‹ (Koran 5, 8) und als mitwirkender Faktor bei der Verwirklichung der universalen Solidarität der Menschen und bei der Herstellung einer Gesellschaftsordnung, in der alle Bürger vor dem Gesetz grundsätzlich gleichgestellt und im praktischen Leben gleichberechtigt sind, in der über eine geschenkte Toleranz hinaus die unverzichtbaren Menschenrechte für alle vorbehaltlos anerkannt werden.«[138]

Was bisher gesagt wurde, bezieht sich auf den islamischen Staat im Unterschied zu den nichtislamischen Staaten und ist infolgedessen wie das meiste hier Vorgetragene idealtypisch. Die Wirklichkeit der islamischen Länder ist von diesem Ideal weit entfernt. Zahlreiche Länder versuchen dort fast ebenso zahlreiche Wege in der Erfüllung der koranischen Forderungen und angesichts der Erfordernisse der modernen Welt zu gehen. Der islamische Staat mit einem einheitlichen Oberhaupt als sichtbarem Zeichen der Einheit ist seit der Abschaffung des Kalifats durch Atatürk am 3. März 1924 in weite Ferne gerückt. Theorie und Praxis klaffen daher so beträchtlich auseinander, daß immer wieder Muslime guten Gewissens behaupten können, es gäbe zur Zeit kein Land in der islamischen Welt, das den Anspruch erheben könne, den »wahren Islam« zu repräsentieren und zu leben, alle sog. islamischen Staaten seien lediglich Übergangsgebilde auf dem Wege zum islamischen Staat, der die Gemeinschaft aller Muslime umfaßt.

VI. Das Ideal und die Wirklichkeit

Die bisherige Darstellung war von dem Bemühen getragen, primär auf koranischer Basis ein Bild dessen zu entwerfen, was an ethischen Pflichten und Geboten für das Leben des Einzelnen wie der Gemeinschaft entscheidend sein soll. Nur beiläufig wurde darauf hingewiesen, daß die Wirklichkeit diesbezüglich oft beträchtliche Abweichungen aufwies (vgl. oben S. 51 ff). Stattdessen entstand ein einheitliches geschlossenes Bild vom Islam, das zwar dem der islamischen Theologen entspricht, dabei aber weder den de facto existierenden regionalen Besonderheiten Rechnung trug noch die unterschiedlichen Gruppierungen innerhalb des Islam hinreichend berücksichtigte. All dies gehört zum konkreten Erscheinungsbild des Islam aber auch hinzu, und deshalb soll es wenigstens in diesem Schlußkapitel Erwähnung finden.

1. Die Entwicklung des Islam seit dem Tode Mohammeds: die geographische Ausbreitung

Es ist hier nicht der Ort, die vierzehnhundertjährige Theologie- und Kulturgeschichte des Islam nachzuzeichnen. Rein formal teilt man diese Zeit gerne in zwei gleichlange Perioden ein. Davon ist die erste, also die ersten 700 Jahre, durch starke Ausbreitung des Islam gekennzeichnet. Die sog. Kernländer: die arabisch-persisch-türkische Welt wird für den Islam gewonnen; durch Spanien und Süditalien steht der Islam unmittelbar vor den Toren der westeuropäischen Länder. Es sind diese Kernländer, an die man bei uns zunächst denkt, wenn vom Islam die Rede ist, und man hat sich deshalb angewöhnt, die zweite Periode, also die weiteren 700 Jahre als Phase der Stagnation und des Niedergangs zu bezeichnen, die nach Meinung vieler dann in der Kolonialisation ihren sichtbarsten Ausdruck gefunden habe. Richtig daran ist, daß in diesen Kernländern eine gewisse Stagnation de facto eingetreten war, daß der Höhepunkt der islamischen Theologie und Philosophie in arabischer Sprache in der Zeit vom 10. bis 13. Jahrhundert lag, während sich die spätere Zeit durch Wiederholungen der klassischen Lehren oder allenfalls durch rückwärtsgewandte »Reformen« (z. B. Ibn Taimîya, 1328 gest.) auszeichnete. Erst die sog. Reformtheologen wie Muhammad ʿAbduh und Rašîd Ridâ (vgl. oben S. 22) setzten wieder einen gewissen Neuanfang. Unrichtig ist aber die These von der Stagnation, wenn sie für den Islam insgesamt zutreffen soll, weil durch sie in Vergessenheit gerät, daß neue Gebiete für den Islam hinzugewonnen

wurden, deren literarische Produktion für die Theologie- und Kulturgeschichte nicht minder bedeutend ist als die der Kernländer, wenngleich
Sprachbarrieren in den Kernländern (wie übrigens bei den meisten europäischen Islamwissenschaftlern) eine Rezeption dieser Islamliteratur weitgehend verhindert haben.

Bei den neuhinzugekommenen Gebieten ist vor allem an den pakistanisch-
indischen Subkontinent[139] zu denken, der Nordindien allein durch seine
Architektur so stark geprägt hat, daß Reiseprospekte für Indien gewöhn-
lich nicht durch das Bild eines Hindubauwerkes, sondern durch die
Abbildung des Taj Mahal die Touristen anzulocken versuchen. Trotz der
Teilung des Subkontinents in Pakistan (+ neuerdings Bangladesch) und
Indien leben noch heute in Indien ungefähr 80 Millionen Muslime. Über
Indien hinaus reicht der Islam in den südostasiatischen Raum[140] hinein,
dessen bedeutendste Islamstaaten heute Malaysia und Indonesien sind. In
Indonesien[141] allein leben heute mehr Muslime als in allen arabischen
Ländern zusammen. Zeitungsberichte über Religionskämpfe auf den Phi-
lippinen erinnern uns zusätzlich regelmäßig an die dort lebenden Mus-
lime.

Mit Schwarzafrika[142] kam in der Neuzeit ein weiterer Kontinent unter den
Einflußbereich des Islam. Die Zahl der Muslime nimmt dort ständig zu.
Die Beziehungen der schwarzafrikanischen Muslime zu den islamischen
Kernländern sind gewöhnlich gut, und es ist bekannt, daß schwarzafrikani-
sche Politiker, wenn sie Muslime sind, mit der Unterstützung ihrer arabischen Glaubensbrüder rechnen können. Das bekannteste und zugleich
peinlichste Beispiel einer solchen arabisch-islamischen Rückendeckung ist
– noch über den Sturz hinaus – der frühere Diktator von Uganda, Idi
Amin.

Über die Gründe der raschen Ausbreitung des Islam in Schwarzafrika ist
viel geschrieben worden. Sicherlich kommen mehrere Faktoren zusammen, die alle eine Rolle spielen. Da ist zunächst das Bedürfnis vieler
Afrikaner, die ihren Stamm zugunsten besserer Verdienstmöglichkeiten
verlassen, nach einer universalen Religion im Gegensatz zu der relativ lokal
begrenzten Stammesreligion. Der Islam entspricht dieser Erwartung. Er
befreit vom Minderwertigkeitskomplex einer sog. »primitiven« Religion,
ist von den Weißen als Hochreligion anerkannt und im Gegensatz zum
Christentum, der Religion des weißen Mannes, nicht mit dem »odium« der
Kolonialisation behaftet, auch Rassendiskriminierung ist ihm normalerweise fremd, und dann schenkt er durch seine Konzeption von der *umma*
dem, der dem Stammesdenken entflohen ist, eine ihm gemäße neue Gebor-
genheit, denn schließlich ist ja der Islam selbst aus der Umbruchsphase von
einer Stammes- und Sippengesellschaft zu einer universalistischen Religion
als erfolgreiche Antwort für viele hervorgegangen. Nicht zuletzt werden
auch die Einfachheit der Glaubensvorstellungen und die Praxis der Polygamie eine nicht unbedeutende Rolle bei der Entscheidung für den Islam
spielen.

Abschließend sei noch an weitere Einflußsphären des Islam erinnert: da ist zunächst der beträchtliche Anteil von Muslimen im Staatsgebiet der Sowjetunion, vor allem in den sog. islamischen Sowjetrepubliken, die sprachlich und kulturell eine starke innere Beziehung zu den nichtkommunistischen Anrainerstaaten aufweisen.[143] Zu erwähnen sind auch die Muslime in der Volksrepublik China, über die gegenwärtig nur schwer sichere Informationen zu erhalten sind.[144] Eine gewisse Sonderstellung nehmen die »Black Muslims« in den USA ein, und schließlich ist noch das starke Ansteigen der Zahl der Muslime innerhalb der europäischen Gemeinschaft zu erwähnen. In Frankreich ist der Islam vornehmlich durch die Einwanderer aus Algerien und Marokko die drittstärkste Religion. Gleiches gilt aufgrund der großen Zahl türkischer Gastarbeiter für die Bundesrepublik Deutschland.[145] In Großbritannien nimmt die Zahl der Araber, Pakistanis und der indischen Muslime ständig zu. Hinzu kommen dort immer mehr Asylsuchende und Flüchtlinge, so daß inzwischen der orientalische Charakter bestimmter Städte oder Stadtteile unmittelbar ins Auge springt. Mit diesen Menschen kommen natürlich auch deren Sorgen und Nöte ins Land. Politische Parteiungen der Heimatländer werden in die neue Wohngegend transferiert, ja Gepflogenheiten, wie sie im Heimatland selbst oft nicht oder nicht mehr in dieser Form existieren, feiern plötzlich neue Triumphe und stellen die Gastländer vor ungeahnte Schwierigkeiten.[146]
All dies zeigt, daß durchaus regional bedeutsame Unterschiede zwischen den einzelnen Formen von Muslimsein festzustellen sind. Obwohl sich sehr viele Staaten auf den Islam berufen, wird darin nur formal eine Einheit oder Gemeinsamkeit ausgedrückt, inhaltlich bleiben oft erhebliche Unterschiede bestehen, die es sogar rechtfertigen, vom indonesischen Islam im Unterschied zum indischen oder marokkanischen Islam zu sprechen.
Die unterschiedlichen Auffassungen vom Islam reduzieren sich allerdings nicht auf regionale Unterschiede allein. Auch in ein und derselben Region sind weitere Unterschiede konstatierbar, die durch die unterschiedlichen Gruppierungen innerhalb der islamischen *umma* in Erscheinung treten.

2. Unterschiedliche Gruppierungen innerhalb des Islam

a) Rechtsschulen und ihre Institutionen

Die politische, gesellschaftliche und religiöse Entwicklung der umma konfrontierte die Muslime recht bald mit Problemen, die im Koran weder gelöst noch angesprochen worden waren. Man interessierte sich deshalb für das Verhalten Mohammeds, die sog. *sunna* des Propheten, und seine Aussprüche, die er kundgab, wenn er nicht den Koran verkündete. Offenbar hatte Mohammed subjektiv eine deutliche Trennung vorgenommen zwischen dem, was er als »Sprachrohr Gottes« zu verkünden hatte, und dem, was er gewissermaßen als »Privatmann« mitteilte. Diese letzteren

Aussprüche sind als *ḥadīṯ* (im Deutschen meist: »Hadithe«) bekannt und gesammelt. Dabei stellte sich allerdings bald heraus, daß zahlreiche Aussprüche und Verhaltensweisen als die Mohammeds ausgegeben wurden, die nicht authentisch waren oder gewesen sein konnten, sondern im Dienste ganz bestimmter späterer Entscheidungen erfunden wurden. Eine Hadithkritik wurde deshalb notwendig. Das methodische Vorgehen bestand dabei vor allem darin, durch Prüfung der Glaubwürdigkeit der Tradenten dieser Aussagen (isnād) die Authentizität der Aussagen selbst zu bestätigen. Die Wahrscheinlichkeit der Aussage aufgrund innerer Gründe spielte dabei nur eine untergeordnete Rolle. Ungeachtet der Authentizitätsfrage einzelner Hadithe gilt, daß damals – von einigen Minderheitsgruppen einmal abgesehen – für die Mehrheit der Muslime die *sunna* (inklusive Hadithe) des Propheten als zusätzliche Quelle des islamischen Rechts neben den Koran getreten ist.

Doch Koran und sunna reichten ihrerseits allein ebenfalls nicht aus, die neu auftretenden Probleme zufriedenstellend zu lösen. Deshalb gestatteten viele Rechtsgelehrte/-schulen darüberhinaus die Berufung auf den Konsens (iğmāʿ)[147] der Gelehrten, um Lehren einzuführen, die weder im Koran noch in der sunna enthalten sind. Hierzu gehören beispielsweise die Zulassung der »Heiligenverehrung« und ein gewisser Gräberkult, die beide bis heute etwa von der strengen Hanbali-Schule als unzulässige »Neuerungen« abgelehnt werden.

Schließlich verwenden die meisten Rechtsschulen noch den Analogieschluß (qiyās), mit dessen Hilfe neu auftretende Probleme anhand ähnlicher Entscheidungen gelöst werden können. Die Anwendung dieser Methoden obliegt innerhalb der Rechtsschulen dem *Muftī*, der durch ein juristisches Grundsatzurteil *(fatwā)* den Fall generell löst.[148]

Während der Mufti allein für Grundsatzurteile zuständig ist, liegt die konkrete Rechtssprechung beim Kadi (qāḍī), der an theologischen Hochschulen ausgebildet ist, im Zuge einer fortschreitenden Zurückdrängung des Religionsgesetzes (fiqh/šarīʿa) aber durch Richter ersetzt wurde, die an juristischen Fakultäten europäischen Stils ausgebildet sind und nach europäischem Recht urteilen. De facto herrscht daher in den meisten islamischen Ländern gegenwärtig eine Art Mischgesetzgebung, da mit Ausnahme des Familien- und Erbrechtes sowie der Verwaltung der religiösen Stiftungen (waqf) viele andere Bereiche einer zivilen Gesetzgebung westlichen Musters unterstehen.[149] Hierin gründet der stets unausgestandene Konflikt zwischen denen, die solche Zurückdrängungen der šarīʿa generell als Sünde und gegen Gottes Anweisungen gerichtet ablehnen, und denen, die keinen einzigen Bereich mehr dem Kadi überlassen wollen, so daß beide Gruppen eigentlich mit dem status quo unzufrieden sind und eine Änderung des de-facto-Zustandes in ihrem Sinne anstreben. Angesichts dieser Polarisierung droht das Pendel zur Zeit zugunsten der šarīʿa-Anhänger auszuschlagen. Nicht nur in Iran – auch in der Türkei und Ägypten versuchen besonders konservative Gruppen wie etwa die »Moslembrüder«[150] eine Änderung der Gesetze und letztlich die totale Wiedereinführung der šarī'a durchzusetzen. Es ist bekannt, daß die Rettung des säkularen Staates im Sinne Atatürks mit ein Grund für die Übernahme der Macht durch die Militärs in der Türkei am 12. September 1980 war. Auf die starken Anstrengungen zugunsten einer Reislamisierung in Ägypten reagierte Präsident Anwar El-Sadat durch immer neue Zugeständnisse wie etwa die Volksabstimmung vom 22. Mai 1980, wodurch u. a. der Islam zur Hauptquelle des Rechts in Ägypten erklärt wurde. Dennoch wuchs die religiöse Opposition im Lande, wofür sicherlich noch andere Elemente sich als förderlich erwiesen. Im September 1981 ließ Sadat 1500 Moslembrüder einsperren, am 6. Oktober 1981 wurde Sadat ermordet.

Die Berufung auf die šarī'a läßt leicht übersehen, daß sich im Laufe der Geschichte vier Rechtsschulen herausgebildet haben, die alle gleichermaßen als legitim von den Muslimen anerkannt werden, weshalb man korrekterweise bei ihnen nicht von »Sekten« sprechen kann. Sie reichen von der sehr rigorosen, konservativen Schule des Ibn Hanbal (gest. 855 n. Chr.; ca. 3 Millionen Anhänger; Hauptvertretungsgebiet: Saudi-Arabien, Libanon, Syrien) über die Schulen des Abu Hanifa (gest. 767 n. Chr.; ca. 340 Millionen Anhänger; Hauptverbreitungsgebiet: Jordanien, Türkei, Afghanistan, Pakistan, Indien, Sowjetunion, China und Indochina) und des Malik (gest. 798 n. Chr.; ca. 45 Millionen Anhänger; Hauptverbreitungsgebiet: Marokko, Algerien, Tunesien, Sudan, Kuweit, Bahrain) bis zur liberalsten, der Schule des Schafi'i (gest. 854 n. Chr.; etwa 100 Millionen Anhänger; Hauptverbreitungsgebiet: Ägypten, Palästina, Libanon, Saudi-Arabien, Jemen, Irak und Indonesien). Als 5. legitime Rechtsschule (maḏhab) wollen viele Muslime die schiitische ansehen und damit die Vorstellung, der Islam bestehe aus unterschiedlichen Konfessionen oder Sekten (wie das Christentum), bewußt ablehnen.

Die Nennung der Hauptverbreitungsgebiete der einzelnen Rechtsschulen zeigt deutlich, daß durchaus mehr als eine Schule in einem Land vertreten sein kann. Die Zugehörigkeit zu der einen oder anderen ist für den einzelnen Muslim nicht zufällig. Er wird praktisch in sie hineingeboren, weil er dem maḏhab folgt, dem auch seine Eltern angehören.

b) die Wahhabiten

Eine besonders radikal-konservative Richtung innerhalb der hanbalitischen Schule ist die von Muhammad Ben Hanbal al-Wahhab (1703–1787), die gegen alle »Neuerungen« zu Felde zieht und Staatsdoktrin in Saudi-Arabien ist. Die »Ablehnung jeder über den Koran und die früheste Überlieferung, die Sunna, hinausgehenden religiösen Entwicklung und Verwerfung von Koranexegese zugunsten wörtlicher Auslegung und Befolgung wurden von Abd al-Wahhab und seinen Anhängern, den Wahhabiten, zu praktischen Lebensregeln gemacht: Verbot von Tabak, Rasieren und Fluchen unter Strafe von bis zu 40 Peitschenhieben; das Glaubensbekenntnis allein macht niemanden zum Muslim, sein Leben und seine Werke müssen dem Glauben entsprechen; Rosenkränze zum Betrachten der Namen Allahs und der Bau von Moscheen mit Minaretten und Verzierungen sind untersagt. Von großer Bedeutung für die Herausbildung der wahhabitischen Beter- und Streitergemeinde wurden aber die Verpflichtung zum gemeinsamen, öffentlichen Gebet, dem Salat, sowie Einschränkung des privaten Besitzrechtes zugunsten der Gemeinde und der Bedürftigen.«[151]

Manch eine dieser strengen Regeln erscheint heute in Saudi-Arabien leicht gemildert (so hat z. B. die große Moschee in Mekka Minarette), insgesamt aber gelten diese Anweisungen nach wie vor. Selbst Ausländer müssen sich in einem gewissen Maße beugen, indem auch sie etwa keinen Alkohol kaufen können oder ihre Frauen nicht Auto fahren dürfen. Die ultrakonservative Theologenschaft wacht mit Argusaugen über die Einhaltung der Gebote und rügt deshalb immer offener die luxuriöse Lebensführung vieler Prinzen.

Im großen und ganzen kann man heute in Saudi-Arabien »eine mehr *moderne* und *nationalistische Opposition* und eine *muslimische, fundamentalistische Strömung* unterscheiden. Die *Fundamentalisten*, das heißt strenge Muslime, die auf die Grundlagen ihrer Lehre zurückgreifen wollen, haben sich im November 1979 unerwartet zu Wort gemeldet, als sie die große Pilgermoschee von Mekka mit Waffen in Besitz nahmen und sich drei Wochen lang darin halten konnten. Ihre Aktion fiel mit dem Beginn des 15. Jahrhunderts der muslimischen Zeitrechnung zusammen.

Aus den Reden, die sie über die Moscheelautsprecher in der Stadt verbreiteten und die von den Bewohnern von Mekka auf Tonbänder aufgenommen wurden, geht hervor, daß sie vor allem dem unislamischen Wohlleben der Dynastie und der Reichen im Lande ein Ende bereiten wollten [. . .].

Die Moscheebesetzer riefen die Stadtbewohner auf, sich ihrem ›Mahdi‹ anzuschließen. Mahdi (= Erlöser, Messias) ist der Titel, den man in der *islamischen Volksvorstellung* dem erwarteten gerechten Herrscher gibt, der vor dem Jüngsten Gericht, am Ende der Zeiten, auftreten soll. Dabei handelt es sich nicht um eine streng koranische Vorstellung, sondern vielmehr um einen Mythos, der zum Volksislam gehört. Daß eine solche Figur proklamiert worden ist, scheint anzuzeigen, daß es sich bei den Aufständischen nicht um eine streng fundamentalistische Gruppe handelte – eine solche hätte das Konzept des ›Mahdi‹ als unkoranisch zurückgewiesen –, sondern eher um Gruppen, die *fundamentalistische* und *puritanische Kritik* am *Regime* mit den alten volksislamischen Vorstellungen mischten, die seit dem Mittelalter lebendig geblieben sind.«[152] Es ist unschwer zu erkennen, daß auch die religiös-konservativen Kreise in Saudi-Arabien ein Problem darstellen, das langfristig gesehen die politische Stabilität des Landes bedroht.

Der immense Reichtum an Petrodollars ermöglicht es den Saudis ihren Glaubensvorstellungen auch außerhalb ihres Staatswesens zum Durchbruch zu verhelfen. So finanzieren sie in vielen islamischen Ländern traditionelle Unternehmungen und helfen durch enorme Druckkostenzuschüsse, daß vor allem solche Bücher geschrieben und veröffentlicht werden, die die Rückkehr zum ursprünglichen Islam (in konservativer Rekonstruktion) fordern und alle »Neuerungen« als schädlich bekämpfen. Vertreter der Linie der sog. »Reformtheologen« haben es infolgedessen immer schwerer, etwas unter das Volk zu bringen.

Was hier vom Buchmarkt gesagt wurde, gilt in noch stärkerem Maße von der Produktion von Schallplatten und Kassetten, es hat auch Geltung für Rundfunk- und Fernsehsendungen, die insgesamt in einer Gesellschaft mit hoher Analphabetenrate mehr Einfluß haben dürften als gelehrte Bücher. Hinzu kommt, daß die Gedankengänge dieser Theologen für die meisten einfachen Leute vertraut und verständlich klingen und von daher gerne aufgegriffen werden, zumal die dort stets beschworene Überlegenheit des Islam geeignet ist, die weitverbreitenMinderwertigkeitskomplexe gegenüber Gebildeten und vor allem Ausländern aus dem »Westen« abzubauen und durch ein Gefühl des Stolzes auf die eigene Tradition zu ersetzen.

Bei ihrer Islampropaganda beschränken sich die Saudis nicht nur auf die islamische Welt. Sie versuchen auch die Übersetzung islamischen Propagandamaterials in westliche Sprachen zu fördern, stellen Geld zur Gründung von Zentren und Instituten zur Verfügung und haben sogar durch riesige Geldangebote in jüngster Zeit – wenn auch ohne Erfolg – die Herstellung und das Zeigen des Films »Tod der Prinzessin« in England zu verhindern versucht.

Der Ölreichtum verleiht so der wahhabitischen Richtung innerhalb der islamischen Welt eine unproportional hohe Bedeutung. Ja, selbst westliche Unternehmen scheuen nicht mehr davor zurück, in leitende Stellen ihrer saudi-arabischen Niederlassungen vorzugsweise die ihrer Leute zu bringen, die zum Islam übergetreten sind und die man in saudi-arabischen Diplomatenkreisen gerne spöttisch »Ölmuslime« nennt.

c) Die Bruderschaften

Ölreichtum ist auch die Ursache für die Bedeutung einer anderen Richtung des Islam: des Sanussi-Ordens Libyens. Sidi Muhammad Ben Ali al-Sanussi (1791-1859) »sah in seiner ›Tariqa‹, seinem Orden, die Quintessenz der bereits bestehenden vierzig größeren Derwischgemeinschaften. Wie diese legte er bei seinen Novizen zunächst größten Wert auf das betrachtende Gebet, den Zikr, lehrte sie, den Gottesnamen ›Ja Latif‹ (Oh Gütiger!) im Herzen bis zu tausendmal zu wiederholen. Mehr noch als die anderen Derwischorden, für die es zum Unterschied vom buddhistischen und auch christlichen Monastizismus immer nur ein ›Kloster auf Zeit‹ und nie eine dauernde oder prinzipielle Aszese, Enthaltsamkeit und Keuschheit gibt, entwickelte Sanussi den sozialen Charakter seiner Gemeinschaft als Kommunität von sonst in ihren Familien und Berufen lebenden Brüdern [. . .].

Libyen als religiös-geistige und damit auch politische Einheit ist eine moderne Schöpfung des Sanussi-Ordens.«[153] Die Ideale dieses Ordens wurden jedoch in diesem Jahrhundert immer weniger sichtbar, weil die Ordensoberen allmählich zu Feudalherren wurden und eine erbliche Monarchie eingerichtet haben, die 1969 gestürzt wurde. Die Ideale der Umstürzler, deren Führung Gaddafi übernahm, gleichen in vielem den ursprünglichen Idealen des Sanussi-Ordens.

Das Beispiel Libyen zeigt in besonderer Weise, welche Bedeutung in der islamischen Welt die Sufi-Orden haben. Wir haben uns angewöhnt, »Sufi« (ṣūfī) mit »Mystiker« zu übersetzen und fassen darunter eine Reihe recht unterschiedlicher religiöser Denk- und Erfahrungstraditionen.[154] Die politische Bedeutung dieser Bruderschaften aber ist bislang nur an Einzelbeispielen untersucht worden, obwohl klar ist, daß in der Vergangenheit wie in der Gegenwart diese – oft wie Geheimbünde agierenden – Ordensrichtungen eine große Bedeutung haben. An historischen Beispielen sei auf die Assassinen in der Kreuzfahrerzeit, auf den Orden des Scheich Safi aus Ardabil, dem es zu Beginn des 16. Jahrhunderts gelang, in Iran die Macht an sich zu reißen und die Dynastie der nach dem Ordensgründer Safi benannten Safawiden zu gründen, und auf die Marabuts in Marokko verwiesen. In der Gegenwart spielen die Tariqas immer noch in den meisten islamischen Ländern eine nicht unbedeutende Rolle. Besonders politisch relevant sind sie zweifellos in Schwarzafrika[155], in Afghanistan und in den islamischen Sowjetrepubliken. Dort sind sie durch ihre strengen Aufnahmeregeln und Probezeiten ziemlich gesichert vor der Unterwanderung durch Spitzel. In vielen Tariqas wird so erneut deutlich, daß der Islam zwischen Geistlichem und Weltlichem keine Trennung kennt. Politische, ja konkret militärische Aktivitäten sind deshalb einigen Tariqas – falls erforderlich – nicht fremd.

Mit dem Hinweis auf die Sufis bewegen wir uns – aus der Sicht der Theologen der Sunna – am Rande der Orthodoxie, dort, wo das gesamte Religionsgesetz (šarīᶜa) des Islam für etwas Äußerliches (ẓāhir) gehalten wird, dem eine innere Seite (bāṭin) entspricht, die erst das wahre Verständnis der göttlichen Offenbarung ermöglicht und durch die mystischen Lehren vermittelt wird. Im Klartext besagt diese innere Seite oft das Gegenteil der äußeren, d. h. die Mystik ist jener Bereich innerhalb des Islam, der nichtorthodoxe Gedanken in Hülle und Fülle bietet und zuläßt, eine Art freidenkerischer Tradition, und von daher nimmt es nicht wunder, daß die Sufis immer wieder von den Theologen argwöhnisch beobachtet und teilweise auch verfolgt wurden.

Für unseren Zusammenhang ist dabei nur wichtig festzuhalten, daß die Sufis immer wieder im Verdacht standen, keine echten Muslime zu sein. Der Ausdruck »Sufi« wurde bisweilen fast zu einem Schimpfwort, um die zu bezeichnen, die nicht mehr »auf der Linie waren«. Hinzu kommt, daß sich die Sufis sowohl aus der Gruppe der Sunniten als auch aus der der Schiiten rekrutieren und dadurch eine nicht ungefährliche Richtung mit bisweilen sehr konkreten, für Außenstehende nicht immer erkennbaren politischen Zielen waren und sind.

d) Die Schiiten

Die letzte Gruppierung innerhalb des Islam, die hier angesprochen werden soll, ist die der Schiiten.[156] Ins allgemeine Bewußtsein trat diese Gruppe vornehmlich durch die sog. »islamische Revolution« in Iran[157], und es besteht leicht die Gefahr, unter dem Eindruck der aktuellen Ereignisse in Iran und der Welle von Todesurteilen dort die Rolle der schiitischen Theologen im allgemeinen zu negativ zu bewerten.[158] Es kann hier nicht darum gehen, all das nachzuzeichnen, was zur gegenwärtigen Situation geführt hat, oder eine Bestandsaufnahme über die »Islamische Republik Iran« vorzulegen. Wie bei allen anderen Gruppierungen müssen wir uns auch bei den Schiiten auf einige wenige Grundlinien beschränken.

Die Anfänge

Die Anfänge der schiitischen Geschichte reichen zurück bis in die ersten Jahre nach dem Tode Mohammeds. Es stellte sich damals, wie bereits erwähnt, die Frage, was an die Stelle der unmittelbaren Anweisungen Gottes, wie sie durch Mohammed an die Gemeinde ergangen sind, treten sollte. Die Sunniten glaubten, alle Probleme unter Berufung auf den Koran und die sunna des Propheten lösen zu können. Andere sahen die Ersatzinstitution für das Eingreifen Gottes erfüllt von »einer weitgehend durch eine Person, den Imam, getragenen Leitung des muslimischen Staates. Diese personale Staatslenkung durch einen charismatischen Herrscher, der mit göttlicher Inspiration die ihm anvertraute Gemeinde behütet und dem Heil entgegenführt, nennen wir das Imamat. Es bildet einen diametralen Gegensatz zu den Verhältnissen bei den Ḥāriǧiten, bei denen im Idealfall allein das im Koran niedergelegte Gotteswort herrschen soll. Es ist leicht einzusehen, daß sich die Idee des Imamates als lebenstüchtiger erwies als diese Versuche einer Gesellschaftsordnung rein auf dem Boden des Korans. Das Imamat kann sich eher dem Wechsel der Zeit, neuen Umständen und Erfordernissen anpassen als das ein für allemal festgelegte Gotteswort. Dessen Verfechter, die Ḥāriǧiten, verschwanden daher auch schon im zweiten Jahrhundert weitgehend aus den islamischen Zentralländern und konnten sich nur in Rückzugsgebieten halten, während die Idee des Imamates manche großartige Bewegung in der islamischen Welt hervorrufen sollte.«[159]

So stellten allein die Befürworter des Imamates eine ernsthafte Konkurrenz für die islamische Gemeinde dar, die durch die Institution des Kalifates die umma handlungsfähig erhalten und durch die Hinzunahme der sunna des Propheten als zusätzlicher Rechtsquelle (daher: Sunniten) mehr Handlungsspielraum für Neuentwicklungen geschaffen hatte, als dies nach

Auffassung der Ḫāriǧiten zulässig war. Zur Bedrohung wurde diese Konkurrenz, als Ali, der Gemahl der Fatima und Schwiegersohn Mohammeds (beerdigt in Najaf im Irak), 661 n. Chr. durch Muawiyya abgesetzt wurde und Alis Nachkommen keine Chance hatten, an die Macht zu kommen. Die Anhänger Alis gaben dennoch nicht auf. Sie taten sich zusammen, bildeten die »Partei Alis« (arab.: šīʿa ʿAlī, kurz šīʿa bzw. Schia genannt; ein solcher Parteigänger heißt dementsprechend šīʿī bzw. Schiit) und versuchten mit allen Mitteln ihren Führer (Imām) an die Macht zu bringen. Ihrer Meinung nach mußte der Imam, der nicht mit dem normalen Vorbeter (= Imām) in jeder Moschee zu verwechseln ist, unmittelbar aus der Familie des Propheten stammen. Somit kamen nur Ali und dessen Nachkommen als charismatische Führer in Frage.

Diese Imamatskonzeption impliziert, daß die ersten drei Kalifen eigentlich nur Usurpatoren des Kalifates von Ali gewesen sein können. Es ist jedoch fraglich, ob es in diesem Sinne schon eine Partei Alis vor der Umayyadenzeit gegeben hat. In der Umayyadenzeit erklärten die Schiiten zunächst Alis Sohn Hasan und nach dessen Tod (669 n. Chr.) den anderen Sohn Alis, Husain, zum rechtmäßigen Führer der Gläubigen und behaupteten damit die Unrechtmäßigkeit des Kalifen in Damaskus. Die Truppe Husains wurde geschlagen, und Husain selbst fand 680 n. Chr. in Kerbela (Irak) den Tod. Die Erinnerung an diesen Tod wird von den Schiiten im Trauermonat Muḥarram gefeiert.

Die Trauerfeierlichkeiten im Monat Muḥarram

Besonders bekannt und berühmt sind die Trauerumzüge mit den Passionsspielen (taʿziya), die am 10. Muḥarram, dem Aschura-Tag, ihren Höhepunkt finden, wenn drei Sorten von Prozessionen stattfinden: die der Brustschläger, der Kettengeißler und der Säbelgeißler.[160]
Politisch sind diese Trauerfeierlichkeiten höchst brisant, weil häufig Gedichte vorgetragen werden, die – in chiffrierter Form, verfremdet und verlegt in die Zeit Husains – die konkrete Not der Bevölkerung zum Ausdruck bringen. Als Beispiel sei hier ein solches Gedicht aus dem Irak auszugsweise angeführt, das 1965 in Kerbela vorgetragen wurde und bei dem die allgemeine Stimmung sowie die revolutionäre Sprengkraft dieser Feiern gleichermaßen deutlich werden:
»O Husain, Dir klagen wir unsere Lage!
Auf uns liegt die Herrschaft der Gemeinen,
oh, der Du uns Zuflucht gewährst!
Das Gesetz Abū Sufyāns (Umayyaden – P. A.) hat Macht über das Land errungen.
Auf uns liegen Unterdrückung und Tyrannei,
oh, der Du uns Zuflucht gewährst! [. . .]
Wir gedulden uns nicht mehr, wir tragen die Schande nicht!
Die Lage des Volkes muß unbedingt geändert werden!

Erwarten wir noch Tapfere, zerschlagen wir die
Tyrannei und beseitigen die Dunkelheit, so daß Licht wird . . .?
[. . .]
Laßt uns weiter sprechen, denn die Scheu
ist aufgehoben.
Millionen Familien klagen vor Hunger!
Wo ist das Gute, wo?
Wird davon etwas uns erreichen?«[161]
Es liegt auf der Hand, daß solche Aussagen oft die Gemeinten und ihre
Organe zu entsprechenden Reaktionen veranlassen. Wird ein Schiit bei
derartigen Prozessionen, die oft die Form von Massendemonstrationen mit
regelrechten Straßenschlachten annehmen, verwundet oder gar getötet, so
weiß man, daß er sein Blut für Husain vergossen hat und mit ihm am
großen Lohn des Paradieses teilnimmt. Es herrscht infolgedessen häufig
eine geradezu frenetische Begeisterung und Opferbereitschaft.

Die Imame und erste Spaltungen in der Schia

Die Tatsache, daß noch heute viele des Todes von Husain gedenken,
besagt, daß die Partei Alis auch nach Husains Tod nicht aufgegeben hat,
sondern Zain al-ʿĀbidīn (gest. 712 n. Chr.) als Imam verteidigte. Nach
seinem Tod kam es zur ersten Spaltung der Schiiten, weil Zaid (gest. 740
n. Chr.) und Muhammad al-Bāqir (gest. 731 n. Chr.) das Imamat gleichermaßen beanspruchten. Den Anhängern Zaids, den »Zaiditen« oder »Fün-
ferschiiten«, gelang es schließlich (etwa um 864 n. Chr.) am Kaspischen
Meer einen Staat zu errichten, der fast drei Jahrhunderte hindurch Bestand
hatte; kurz nach der Bildung des kaspischen Zaiditenstaates hat der Imam
Yaḥyā b. al-Ḥusain im Jemen die Unabhängigkeit erklärt (893 n. Chr.) und
die zaiditische Herrschaft begründet, die erst 1962 durch einen Putsch der
Militärs und die Vertreibung des Imam beendet wurde. Allerdings schaff-
ten es diese zaiditischen Imame wohl nur, so viele Jahrhunderte an der
Macht zu bleiben, weil dort eine sehr praxisnahe Imamatslehre vertreten
wurde. Vom Imam wurde nämlich nur gefordert, daß er von Ali abstammt
(also: Alide war). Dabei war sowohl die Linie über Hasan als auch die über
Husain zulässig. Auch wurde von ihm keine unmittelbare Amtsnachfolge
oder gar eine ausdrückliche Ernennung durch den Vater verlangt. Der
Imam mußte lediglich ein kriegerisch und theologisch versierter Alide sein.
Wurde er von einem anderen besiegt oder abgesetzt, so brauchte der neue
Herrscher nur Alide zu sein und konnte damit schon als rechtmäßiger
Imam anerkannt werden, ja es durfte durchaus einmal mehrere Imame
gleichzeitig geben.
Der Ahnherr der Zaiditen, Zaid, so wurde gesagt, erhob den Imamatsan-
spruch zusammen mit Muhammad al-Bāqir, auf den in der nichtzaiditi-
schen Linie Ǧaʿfar aṣ-Ṣādiq (gest. 765 n. Chr.) folgte.[162] Die Nachfolge
Ǧaʿfars ihrerseits führte zu einer weiteren, folgenschweren Spaltung der

Schia. Die einen hielten Ismāʿīl, der jedoch noch vor dem 6. Imam Ǧaʿfar gestorben war, für den rechtmäßigen 7. Imam. Man nennt sie deshalb »Ismailiten« oder »Siebenerschiiten«[163]. Zu ihren zahlreichen Untergruppen gehören u. a. historisch die Karmaten und die Fatimiden, bis in unsere Zeit die Drusen und die Gruppe um den Agha Khan. Ismailiten gibt es heute noch vor allem in Iran, Afghanistan und im pakistanisch-indischen Bereich. Die Nachfolge Ǧaʿfars durch Ismāʿīl und damit auch durch dessen Sohn Mohammed wurde jedoch von vielen abgelehnt. Diese traten stattdessen für Mūsā al-Kāẓim (gest. 799 n. Chr.) als Ǧaʿfars Nachfolger ein. Ihre Imamenreihe setzt sich fort durch ʿAlī ar-Riḍā (gest. 818 n. Chr.) als 8., Muhammad al-Ǧawād (auch: at-Taqī, gest. 835 n. Chr.) als 9., ʿAlī al-Hādī (auch: an-Naqī, gest. 868 n. Chr.) als 10. und Ḥasan al-ʿAskarī (gest. 874 n. Chr.) als 11. Imam. Mit Ausnahme Alis, des 1. Imam, der als 4. Kalif für kurze Zeit der umma aller Muslime vorstand, hat kein anderer Imam je die Herrschaft über alle Muslime erobern können. Fast alle starben eines unnatürlichen Todes, der nach Meinung der Schiiten stets durch die Kalifen und deren Helfershelfer verursacht war.

Mit dem Tode des 11. Imam trat nach Überzeugung seiner Anhänger insofern eine radikal neue Situation ein, als der rechtmäßige Nachfolger und Sohn Hasans, Mohammed, damals ein Kind von ungefähr 6 Jahren, zwar die Nachfolge als 12. Imam antrat, aber kurz danach verschwand, in offizieller Terminologie: »entrückt wurde«. Während seiner »Abwesenheit« (ġaiba) wurde seine Gemeinde von Schiiten, die man daher »Zwölferschiiten« oder »Imamiten« nennt, zunächst von einem Stellvertreter (wakīl) geleitet, doch seit auch dieses Prinzip nach dem 4. Wakīl nicht mehr realisierbar war, kam es zu einer neuen Form von »Abwesenheit«, die man im Unterschied zu der ersten, »kleinen«, nun die »große Abwesenheit« nennt. Während dieser Zeit ist der 12. Imam weiterhin am Leben (eine Art Kyffhäusermotiv!), und die Imamiten glauben, daß er dereinst wiederkommen wird, um dann den Endsieg für die gerechte Sache gegen alle Usurpatoren der Macht zu erringen. Deshalb trägt dieser 12. Imam auch den Beinamen »Mahdi«.

Die politische und theologische Entwicklung der Imamiten in der Zeit der großen Abwesenheit, die bis heute andauert, ist vor allem hinsichtlich der Anfangszeit in der Forschung noch weitgehend ungeklärt. Sicher ist, daß die Imamiten wie alle Schiiten häufig im Untergrund leben und um ihr Leben bangen mußten, sie waren so etwas – um es mit moderner Begrifflichkeit zu sagen – wie die »Sympathisanten« im Bereich des Politterrors, und es mußte für sie wie eine Befreiung sein, als Mitglieder des Safi-Ordens in Persien an die Macht kamen und Schah Ismaʿil (1502-1524) dort die Zwölferschia zur Staatsreligion machte. Die Schiitisierung Persiens ging langsam und nicht ohne Einbußen auf seiten der Sunniten und vor allem ihrer Theologen vor sich. Gemessen am heutigen Staat Iran betrifft sie ohnehin nur das persischsprechende Zentralgebiet. Gum, Isfahan, Täbris und Teheran wurden zu Hochburgen imamitischer Theologie, die – im

Gegensatz zu denen in Najaf und Kerbela im benachbarten Land (heute: Irak) mit sunnitischer Oberherrschaft – nicht um staatliche Anerkennung ringen mußten. Jene hingegen konnten sich oft noch nicht einmal der staatlichen Duldung sicher sein. Bis heute ist so Iran das einzige Land, in dem die Zwölferschia die offizielle Religion des Landes ist. Die Zwölferschia wird in Stellvertretung für den verborgenen Imam von den obersten geistlichen Würdenträgern geführt. Diese führen neuerdings die Bezeichnung »Ayatollah« (eine kontrahierte Form für: Āyat Allāh = Zeichen Gottes) und bilden einen engeren Kreis von führenden Gelehrten, der sich aus den Religionsgelehrten (Muǧtahids) rekrutiert. Dabei spielt die Größe der Gefolgschaft eines Gelehrten eine wichtige Rolle. Einer aus diesem Kreis von »Gleichen« hat es immer wieder geschafft, als eine Art »erster unter ihnen« (primus inter pares) und damit führender Ayatollah anerkannt zu werden.

Diese Rolle fiel in neuester Zeit bekanntlich dem Ayatollah Ruhollah Khomeini zu. Sein theologisches Verdienst ist es, glaubhaft nachgewiesen zu haben, daß die Imamiten während der großen Abwesenheit des 12. Imam nicht zu einer Passivität und Abwartehaltung verurteilt sind, sondern durchaus das Recht, unter gewissen Umständen sogar die Pflicht haben, im Namen der Religion politisch aktiv zu werden. »Ihr, die Tapferen des Islam, sollt in einfacher Sprache die (einzelnen Glaubens-) Wahrheiten erklären und aus diesen Arbeitern, Bauern und Studenten Kämpfer machen. Alle werden sie Kämpfer werden.«[164]

Der Mahdiglaube

Der politische Erfolg dieser Aktionen hebt das eigentliche Ziel der Geschichte, die Wiederkehr des Mahdi, nicht auf. Er ist lediglich eine teilweise Vorwegnahme dieser künftigen Herrschaft.

Im Lichte des Mahdiglaubens wurden in den letzten Jahren in Iran mehrere geschichtstheologische Entwürfe vorgelegt. So sah etwa der bekannte Ayatollah Taleghani in der weltpolitischen Entwicklung ein Anwachsen der Bereitschaft für den Empfang des Mahdi in der Gesellschaft.[165] Der erste Premierminister der islamischen Republik Iran M. Bazargan hält ebenfalls den Universalstaat des erwarteten Mahdi für die ideale Erfüllung aller bisherigen Menschheitserwartungen. Ohne Hoffnung auf eine bessere Zukunft ist kein Schritt zur Reform der bestehenden Zustände möglich. Alle politischen Revolutionen und historisch-sozialen Umwälzungen der letzten Jahrhunderte, so sagt er, waren von der Hoffnung auf eine bessere und gerechtere Welt getragen. Gleichheit und Gerechtigkeit wurden angestrebt. Deshalb beseitigte die industrielle Revolution die Ungerechtigkeiten des Feudalismus und die Leibeigenschaft, allerdings entstanden damit neue Ungerechtigkeiten: die des Kapitalismus, die nun ihrerseits beseitigt werden müssen usw. Es scheint daher, daß – wie ʿAli Shariʿati (gest. 1977), der Theoretiker der intellektuellen Jugend Irans[166], glaubt – »die Erwartung« die innere Antriebskraft der Geschichte ist und zwangsläufig auf die

Vollendung hinführt. Jede gelungene Revolution ist damit ein Stück antizipierter Veränderung zur Verwirklichung dieses Endzustandes. Der Glaube an die Imame, verbunden mit der Erwartung der Wiederkunft des verborgenen 12. Imam, gehört zu den Besonderheiten imamitischer Theologie im Vergleich zur sunnitischen. Eine weitere, allgemeine Besonderheit der Schiiten im Verhältnis zu den Sunniten ist ihre Betonung der göttlichen Gerechtigkeit und damit zusammenhängend der menschlichen Handlungsfreiheit.

Dualistisches Gedankengut

Eine derartige Betonung der menschlichen Handlungsfreiheit legt sich allein durch den Verlauf der Geschichte nahe. Schließlich traten die Schiiten, wie sie glauben, für die gerechte, gottgewollte Sache: den Imam als Leiter der umma ein. Der politische Erfolg aber gehörte – sieht man von Ali einmal ab – seinem Gegner: dem Kalifen. Theologisch führte dies zu einer immer größeren Idealisierung des Imam. So lehrt man beispielsweise in der Zwölferschia, der Imam sei von jedem Irrtum und jeder Sünde gänzlich frei. Während der Prophet nach Vorstellung der Sunniten durchaus menschliche Grenzen und Schwächen hat, ist nach Meinung der Imamiten im Imam ein inneres Licht wirksam, mit dem Irrtum und Sünde unvereinbar sind. Demgegenüber wurde der tatsächliche Machthaber, der Kalif, zum Inbegriff des Bösen und Sündhaften. Neuplatonisches Gedankengut und der traditionelle Dualismus der persischen Zoroastrier lieferten das theoretische Konzept, um den Machtkampf zwischen dem Imam und dem Kalifen (in späterer Zeit: dem bösen Herrscher) zum kosmischen Kampf zwischen dem Prinzip des Guten und dem des Bösen auszuweiten, so daß gerade der Bereich der Politik zum Kampfplatz par excellence zwischen den Mächten des Lichtes und denen der Finsternis wurde. Die Identifizierung politischer Gruppen mit abstrakten Prinzipien wie »Finsternis« und »Licht« ermöglichte eine politische Schwarzweißmalerei von großer Einfachheit. Sie feuerte die Bedrängten an, in einem beispiellosen Einsatz der Herrschaft des Guten zum Durchbruch zu verhelfen.

Die Verheimlichung des religiösen Bekenntnisses

Dieser Einsatz und eine gewisse Verherrlichung des Martyriums (beispielsweise im Muḥarram) steht in einem augenscheinlichen Gegensatz zum Gebot der Verheimlichung des religiösen Bekenntnisses (arab.: taqīya, pers.: kitmān). Eigentlich ist dies ein allgemeines Zugeständnis, das für alle Muslime gilt, bei den Sunniten aber nie sehr wirksam geworden ist. Wenn dem Muslim ob seines Glaubens Gewalt oder Schaden droht, so darf er seinen Glauben verleugnen, sofern er ihn in seinem Herzen weiterhin bewahrt. Die Schiiten halten diese Verheimlichung unter bestimmten Voraussetzungen nicht nur für erlaubt, sondern sogar für geboten.
Dies klingt zunächst recht sympathisch. Die Praxis lehrt jedoch, daß eine solche Verheimlichungspflicht auch den Gegnern recht bald bekannt wird,

so daß es bei Verfolgungen kein Entrinnen mehr gibt. Der der Schia Verdächtige gesteht entweder ein, daß er Schiit ist, und muß dann verurteilt werden, oder er leugnet es und beweist dadurch seine Zugehörigkeit, weil er »Verheimlichung« üben muß. Tausende und Abertausende mußten so im Lauf der islamischen Geschichte ihr Leben als »Schiiten« lassen. Von vielen wissen wir bis heute nicht, ob sie tatsächlich Schiiten waren. Die Bezeichnung »Schiit« wird dadurch zu einem Sammelbegriff für »Ketzer«, »Rebellen« und »Aufrührer«. Und viele, deren Theorien im offiziellen Islam der Sunna keinen Platz mehr hatten, sind dementsprechend von selbst in die Schia »abgewandert«[167], wodurch sie im Ernstfall eine gewisse Rückendeckung hatten, zumindest gab es Leute, die ihren Tod rächten. All dies macht deutlich, daß es sich bei der Schia um ein sehr heterogenes Phänomen handelt, das kaum auf einen Nenner zu bringen ist. Mit ihren zahlreichen Untergruppen stellt die Schia neben den mystischen Bruderschaften das facettenreichste Spektrum des Islam dar. Allein die Ereignisse in Iran und Afghanistan zeigen, daß all diese Untergruppen eine wichtige Rolle für ein besseres Verständnis des Islam in der Gegenwart spielen, und es wird leicht verständlich, daß alle möglichen Interessengruppen versuchen, mindestens eine dieser außerordentlich vielfältigen Gruppierungen gegen die anderen zu unterstützen, um so die politische Instabilität zu erreichen, von der sie sich selbst Vorteile versprechen.[168] Das probate Mittel der Bestechung[169] und das allgemeine Klima für Gerüchte und Intrigen tun das ihre, um oft schnell die erwünschte Wirkung eintreten zu lassen.

3. Einheit und Vielfalt

Die Entwicklung in Iran hat sowohl unter den Schiiten als auch unter den Sunniten die Diskussion über den »wahren islamischen Lebensstil« und den »wahren islamischen Staat« um ein beträchtliches Stück vorangebracht und dadurch zugleich unüberbrückbare Gegensätze in der Beschreibung des Ideals innerhalb all dieser Gruppierungen offengelegt. Was für die einen einen Neuaufbruch ohnegleichen bedeutet, ist für die anderen der Anfang vom Ende des Islam. Optimismus und Skepsis stehen so nebeneinander.
Dennoch lassen sich – wenigstens für die nächsten Jahre – gewisse Konturen erkennen: Die Bereitschaft, westlichen Vorbildern zu folgen, nimmt ab. Stattdessen vertraut man zusehends darauf, daß das ersehnte Glück für die Massen in einer möglichst genauen Nachbildung der islamischen umma unter Mohammed und den ersten vier Kalifen bzw. für die Schiiten unter Mohammed und Ali liegt. Viele Muslime – vor allem östlich von Iran – sehen in der sog. »islamischen Revolution« die erste Revolution der neueren Geschichte, deren Grundidee nicht von Europa importiert wurde und dennoch erfolgreich war[170], und sie glauben deshalb, daß die traditio-

nelle Religion auch in der modernen Welt dann eine Chance hat, wenn sie entschieden genug die Menschen zu echtem Einsatz anfeuert. Sie leiten daraus für sich selber jedoch nicht die Forderung ab, Khomeinis Beispiel in concreto zu folgen, sondern sie wollen alle ihr je eigenes Modell verwirklichen, weshalb sie übrigens das Gelingen der sog. islamischen Revolution in Iran gar nicht sonderlich interessiert.

Dementsprechend gibt es nicht nur viele konkrete Weisen, Muslim zu sein, es gibt auch zahllose Vorstellungen vom islamischen Idealstaat und von der Erneuerung in diesem Geiste.

Ethik und Politik im Islam meint deshalb ein Grundkonzept, in das sich vielerlei Einzelentwürfe höchst unterschiedlicher Vorstellungen einfügen. Je mehr solcher Einzelkonzepte zur Darstellung kommen, desto verwirrender wird das Bild, und die Tagesnachrichten liefern genug Momentaufnahmen, so daß Orientierung oft nur schwer möglich ist. Das Grundkonzept tritt dann so sehr in den Hintergrund, daß man Mühe hat, die einzelnen Szenen als von *einem* Geiste inspiriert zu begreifen. Deshalb dürfte es auch hier kaum sinnvoll sein, den vielfältigen Details noch weitere hinzuzufügen. Vielmehr ging es bei all dem Gesagten darum, das Grundmodell nachzuzeichnen, aus dem sich alle diese Entwürfe auf je eigene Art speisen, so daß es leichter wird, die verschiedenen Gruppen zu orten und zu begreifen, welche Herausforderung ein zu neuem Selbstbewußtsein erwachter Islam für die Welt von heute und morgen bedeutet. Obwohl die religiöse Erneuerung sich heute lautstark und deutlicher denn je Gehör verschafft, darf dabei nicht vergessen werden, daß ein Buch wie »die Kritik des religiösen Denkens« von al-ʿAẓm[171] vor erst einem Jahrzehnt noch die arabische Öffentlichkeit bewegt und damals unter vielen Intellektuellen Zustimmung oder zumindest Verständnis gefunden hat. Die Zukunft wird zeigen, ob im Zuge des religiösen Neuaufbruches die Befürworter einer radikalen Säkularisierung verschwinden werden oder ob ihre Stunde erst noch kommen wird, wenn sich herausstellen wird, daß sich die Hoffnungen, die die Massen in den islamischen Staat setzen, nicht erfüllt haben. Gegenwärtig läßt sich zu dieser Alternative für die Zukunft nur gut islamisch sagen: Allāhu aʿlam = Gott allein weiß es!

Abkürzungen

Cibedo = Christlich-Islamische Begegnung – Dokumentationsstelle (Postan-
schrift: Cibedo Guiollettstr. 35 Postf. 174147, D-6000 Frankfurt a. M.
17).

EI = The Encyclopaedia of Islam, new edition, Leiden-London, Bd. I –
(1960 ff).

ZMR = Zeitschrift für Missionswissenschaft und Religionswissenschaft.

Anmerkungen

1 So erklärt sich wohl auch, daß der Verlag Julius Groos in Heidelberg 1925 in der
Reihe: Der islamische Orient. Eine Sammlung gemeinnütziger orientalischer
Schriften zur Förderung des Studiums islamischer Sprachen Zweite Abteilung:
Arabische Schriften. E. Religion und Ethik das Buch: Die abbassidische Perle
(Ein Katechismus für ägyptische Schulen.), vokalisiert, bearbeitet und übersetzt von Mohammed ibn Brugsch als Bd. 13 herausgebracht hat, wobei die
beiden Begriffe »Religion« und »Ethik« praktisch im Sinne eines Hendiadyoin
gebraucht werden.
2 Vgl. hierzu Inge Hofmann/Anton Vorbichler: Das Islam-Bild bei Karl May
und der islamo-christliche Dialog, Wien 1979 (Veröffentlichungen der Institute
für Afrikanistik und Ägyptologie der Universität Wien Nr. 6; Beiträge zur
Afrikanistik Bd. 4).
3 Zu dieser typologisierenden Darstellung vgl. das engagierte Plädoyer eines
Muslim, der durch zeitgemäße Neuinterpretation im Stile der sog. islamischen
Reformtheologen wie Muhammad ʿAbduh u. a. m. den Islam für die moderne
Welt akzeptabel machen will, nämlich Bassam Tibi: Die Krise des modernen
Islams. Eine vorindustrielle Kultur im wissenschaftlich-technischen Zeitalter,
München 1981.
4 Vgl. dazu Adel-Théodore Khoury: Der theologische Streit der Byzantiner mit
dem Islam, Paderborn 1969, S. 69.
5 Diese Meinung wurde auch in der Sowjetunion vertreten z. B. R. R. Mavljutov:
Islam, Moskva 1969, S. 142-157.
6 Als Beispiel hierfür kann gelten Robert Gagnon: Le défi arabe, Montréal 1978.
7 Vgl. dazu Udo Steinbach: Der europäisch-arabische Dialog – ein Beitrag zum
Frieden im Nahen Osten, in: Die islamische Welt zwischen Mittelalter und
Neuzeit. Festschrift für Hans Robert Roemer zum 65. Geburtstag, hrsg. von
Ulrich Haarmann u. Peter Bachmann, Beirut 1979, S. 620-641 (Reihe: Beiruter
Texte und Studien Bd. 22) bzw. aus arabischer Sicht ʿAbd al-Munʿim Saʿīd: al-
Ḥiwār al-ʿarabī al-ūrūbbī. Dirāsa li n-nahǧ al-ūrūbbī izāʾa l-ḥiwār, Kairo 1977.
(Es wird die Zeit vom Juni 1975 bis zur Abfassung des Buches behandelt.)
8 Zur Abfolge dieser Ereignisse in Iran vgl. u. a. Gilles Anquetil: La terre a bougé
en Iran, Paris 1979.
9 Zur arabischen Sichtweise dieses Problems vgl. u. a. Werner Ende: The Pale-
stine Conflict as Reflected in Contemporary Arabic Literature, in: The Contemporary Middle Eastern Scene. Basic Issues and Major Trends, hrsg. von
Gustav Stein u. Udo Steinbach, Opladen 1979, S. 154-167 (Reihe: Schriften des
Deutschen Orient-Instituts) bzw. mit Blick auf Schulbücher Peter Antes: Die

Darstellung des Nahostkonfliktes in syrischen Schulbüchern, in Geschichtsdidaktik 4 (1979), S. 191-195.

10 Hans A. Fischer-Barnicol: Die islamische Revolution. Die Krise einer religiösen Kultur als politisches Problem, Stuttgart-Berlin-Köln-Mainz 1980, S. 13 f.

11 Als Beispiel hierfür kann u. a. gelten: Wer steuert Khomeinis Wahnsinn?, hrsg. von der Europäischen Arbeiterpartei (EAP), Wiesbaden 1979.

12 So nachzulesen und belegt bei Rudolf Gelpke: Drogen und Seelenerweiterung, München ⁴1975, S. 16.

13 Vgl. dazu das sehr engagiert geschriebene Buch von Chapour Haghighat: Iran. La révolution inachevée et l'ordre américain, Paris 1980, wo S. 209 diese radikale Konsequenz gezogen wird.

14 Vgl. dazu Abol-Hassan Banisadr (1. Präsident der islamischen Republik Iran, gewählt am 28. Januar 1980, abgesetzt am 21. Juni 1981): Quelle révolution pour l'Iran?, Paris 1980, S. 333-336. Zu den Schriften Bani Sadrs im allgemeinen ist zu sagen, daß die in Französisch gewöhnlich klarer und präziser sind als die in Persisch.

15 Eine deutliche Ausnahme stellt hierbei dar Hamid Algar: The Oppositional Role of the Ulama in Twentieth-Century Iran, in: Nikki R. Keddie (Ed.): Scholars, Saints, and Sufis. Muslim Religious Institutions in the Middle East since 1500, Berkeley-Los Angeles-London 1972, S. 231-255, bes. 245 ff. Angesichts der neueren Entwicklung sollte ein Werk wieder Beachtung finden wie etwa Dorothea Seelye Franck (Ed.): Islam in the Modern World, Washington 1951.

16 Joseph S. Szyliowicz: Education and Modernization in the Middle East, Ithaca, N. Y. 1973.

17 Āl-i Aḥmad Ġalāl: Ġarb zadaḡī, Teheran 1341/1962, S. 36. Zur Problematik der Selbstentfremdung allgemein vgl. Arnold Hottinger: Islamische Revolution? Die Muslims im Konflikt mit der westlichen Moderne, in Merkur XXXIII (März 1979), S. 203-216.

18 Sayid Mujtabi Rukni Musawi Lari: Western Civilisation through Muslim Eyes, Guildford 1977. Ich wähle dieses Buch deshalb als Beispiel, weil es mir vom Konsulat der Islamischen Republik Iran in Hamburg 1979 auf Betreiben Teherans als Dokument für die Neuorientierung Irans nach dem Schah zugeschickt wurde. Wesentlich differenzierter ist die Studie von Rotraud Wielandt: Das Bild der Europäer in der modernen arabischen Erzähl- und Theaterliteratur, Beirut 1980 (Reihe: Beiruter Texte und Studien Bd. 23).

19 Es ist in diesem Zusammenhang interessant anzumerken, daß die persischen Schulbücher der Schahzeit – im Unterschied zum Religionsbuch für moslemische Kinder, hrsg. vom Islamischen Zentrum in Hamburg – keinen Hinweis auf die Liebe zum Tier enthalten, vgl. dazu Peter Antes: Religiöse Erziehung in Iran, in: Die islamische Welt zwischen Mittelalter und Neuzeit (Anm. 7), S. 35-43, hier S. 41. Die Haltung der Muslime zum Tier ist aber in der Geschichte bisweilen sehr positiv gewesen, wie zu ersehen ist aus Uta Lindgren: Narren und Tiere. Über das Verhältnis des Menschen zur vernunftlosen Kreatur, in Sudloffs Archiv Bd. 60 (1976), S. 271-287.

20 Lari (Anm. 18), a.a.O., S. 45.

21 Lari, a.a.O., S. 26.

22 Lari, a.a.O., S. 26, vgl. dazu auch Wielandt (Anm. 18), a.a.O., S. 491 ff u. ö.

23 Dementsprechend wird auch bei anderen Autoren Promiskuität, Homosexualität und sexuelle Freiheit in einem Atemzug mit Säkularisierung genannt, vgl. dazu Tibi (Anm. 3), a.a.O., S. 161 ff.

24 Jürgen Micksch (Hrsg.): Zusammenleben mit Muslimen. Eine Handreichung, Frankfurt a. M. 1980, S. 23.

25 Zur Landflucht kam es in Iran u. a. auch durch die Folgen der Bodenreform. Um ergiebig Land bestellen zu können, braucht man Land, Arbeitskraft, Wasser, Saatgut und technische Hilfsmittel. Da durch die Reform nur Land

verteilt wurde, hatten diese neuen Kleinbauern darüber hinaus nur noch ihre eigene Arbeitskraft. Wasser, Saatgut und Arbeitstiere/technische Geräte mußten sie gegen Ertragsabgaben bei Grundbesitzern ausleihen und gerieten so in eine große Abhängigkeit, der sie sich oft nur durch Landflucht entziehen konnten. Es entstand also de facto in Iran so etwas wie das khammesat-System Nordafrikas, vgl. dazu Hermann Achenbach: Agrargeographische Entwicklungsprobleme Tunesiens und Ostalgeriens. Exemplarische Strukturanalyse ausgewählter Reform- und Traditionsräume zwischen Mittelmeerküste und Nordsahara, Hannover 1971 (Reihe: Jahrbuch der geographischen Gesellschaft zu Hannover. Jahrbuch für 1970), S. 274.

26 Sayyid Abu-l-Aʿla Maudoodi: Weltanschauung und Leben im Islam, London (The Islamic Foundation) 1978, S. 137f.

27 Vgl. hierzu u. a. Muṣṭafā Kamāl Waṣfī: an-nuẓum al-islāmīya al-asāsīya, Kairo o. J. (um 1976), S. 71 ff.

28 So etwa Anwār al-Ġundī: Maʿālim al-fikr al-ʿarabī al-muʿāṣir maʿa dirāsa min aṭ-ṭaqāfa al-ʿarabīya al-muʿāṣira fī maʿārik at-taġrib, Kairo o. J. (um 1965), S. 35 f.

29 Vgl. hierzu Heinz Gstrein: Marx oder Mohammed? Arabischer Sozialismus und islamische Erneuerung, Freiburg-Würzburg 1979, S. 63.

30 Vgl. Harald Vocke: Die Hölle des Steppenwolfs. Bemerkungen zur Gewalt im modernen Islam, in Internationale katholische Zeitschrift Communio 9 (1980), S. 124-134, hier S. 133 und Martin Robbe: Islam. Religion, Gesellschaft, Staat, Berlin 1981, S. 67. Zur Legitimation des Sozialismus allgemein vgl. Olivier Carré: La légitimation islamique des socialismes arabes. Analyse conceptuelle combinatoire des manuels scolaires égyptiens, syriens et irakiens, Paris 1979.

31 So R. R. Mavljutov (Anm. 5), a.a.O., S. 140 f wörtlich: »Der ›islamische Sozialismus‹ verspricht, die Mängel des Kapitalismus und die ›Mängel‹ des ›atheistischen Sozialismus‹ zu verbessern. Es handelt sich dabei [. . .] um die Synthese des ›Liberalismus‹ mit dem Kommunismus. Das ist angeblich die ›stabile Gesellschaft‹, die gebildet ist auf der Grundlage der ›Gebote, die durch den Koran vorgeschrieben sind‹. Nur in dieser neuen Gesellschaft, wo der Glaube an Allah triumphieren wird und ein erhabener Platz für die Religion ist, wird sich der Mensch angeblich frei fühlen.« Mavljutov stellt dazu abschließend fest: »Der ›islamische Sozialismus‹ erweist sich, solange sein wahrer Gehalt deutlich wird, als nicht erfüllte Erwartung von Millionen Muslim, die auf reale Veränderungen in ihrem Leben warten.« (S. 141)

32 Das Bild vom dekadenten Westen ist nicht auf die islamische Welt beschränkt, sondern kann auch anderweitig belegt werden. Als Beispiel hierfür diene u. a. eine Passage einer Offenbarung des chinesischen Gottes Shang Di, die im Jahre 1977 während einer Fuluan-Sitzung in Taiwan gegeben wurde. Es heißt in diesem Text, den ich (samt Übersetzung) Herrn Wiss. Ass. Dr. Hubert Seiwert (Universität Hannover) verdanke, wörtlich:
»Ich sehe, daß auf dieser Erde die chinesische Nation das Land ist, in dem Riten und Musik kultiviert werden, der Staat, in dem wirkliche Kultur besteht. Deshalb konnte China in der Vergangenheit bis zum heutigen Tag von keiner anderen Nation dominiert werden. Heutzutage aber ahmen die Menschen nur noch den europäischen und amerikanischen Lebensstil nach. Vater und Sohn lieben sich nicht gegenseitig. Mann und Frau leben nicht in Eintracht miteinander, ältere und jüngere Brüder bekämpfen sich gegenseitig, Herren und Diener sind ohne Rechtschaffenheit, unter Freunden herrscht keine Zuverlässigkeit . . . Ehen werden geschlossen, und sie werden wieder geschieden. Wenn solche Zustände allgemein verbreitet sind, wie soll da die wahre Tradition des Dao wiederhergestellt werden? Betrachtet folgende Beispiele: Bei den europäischen und amerikanischen Nationen ist es so, daß, wenn die Menschen alt und am Ende ihres Lebens sind, man nur darauf wartet, bis sie die Augen schließen und sterben. Das nennt man dann die Neue Kultur! Unablässig forscht man

fieberhaft nach Waffen, um die Menschheit zu vernichten. Das nennt man dann die Neue Moral! Schlimm ist es! Und wir Chinesen, wir gehen hin und geben unsere eigene Kultur und Moral, die wir von den Ahnen übernommen haben, auf, um uns die sogenannte Neue Kultur und Neue Moral anderer Menschen anzugewöhnen. Wenn man so weitermacht, dann wird unsere chinesische Nation bald untergegangen sein.« (Tianran Zazhi Nr. 2, Februar 1980, S. 2f.).

33 Im übrigen sollte man angesichts der neueren Entwicklung auch die Schriften dieser Theologen noch einmal vornehmen und prüfen, ob nicht die bisherige Interpretation, wie sie etwa Rotraud Wielandt: Offenbarung und Geschichte im Denken moderner Muslime, Wiesbaden 1971 vorgelegt hat, zu stark an der Zielsetzung der westlichen Orientalistik gemessen ist und infolgedessen dem Anliegen dieser Theologen gar nicht voll gerecht wird. Zur Diskrepanz zwischen westlicher Orientalistik und islamischer Theologie vgl. Tilman Nagel: Gedanken über die europäische Islamforschung und ihr Echo im Orient, in: Zeitschrift für Missionswissenschaft und Religionswissenschaft 62 (1978), S. 21-39.

34 Auf dieses probate Mittel hatte man in der Neuzeit auch schon im Kampf gegen den Kolonialismus zurückgegriffen, vgl. dazu Rudolph Peters: Islam und Colonialism. The Doctrine of Jihad in Modern History, The Hague-Paris-New York 1979.

35 Vgl. al-Ğundī (Anm. 28), a.a.O., S. 147ff. Zu dieser Auffassung vgl. auch den Beitrag von Georges C. Anawati: Zur Geschichte der Begegnung von Christentum und Islam, in: Der Gott des Christentums und des Islams, hrsg. von Andreas Bsteh, Mödling bei Wien 1978, S. 11-35, bes. S. 12ff.

36 Vgl. u. a. Fuʾād Muḥammad Faḫr ad-dīn: Mustaqbal al-muslimīn, Kairo 1976, S. 252. Eine Ausnahme scheint hier lediglich der Sudanese Mahmūd Muhammad Tâhâ zu sein, vgl. dazu Detlev Khalid: Islam und Politik. Erscheinungsformen und Reichweite des Islam heute, in: Der Überblick. Zeitschrift für ökumenische Begegnung und internationale Zusammenarbeit 16. Jahrg. Heft 4 (Dezember 1980), S. 6-15, hier S. 15.

37 Josef van Ess: Islam, in: Die fünf großen Weltreligionen, hrsg. von Emma Brunner-Traut, Freiburg-Basel-Wien 1974, S. 67-84, hier S. 70 bzw. aus islamischer Sicht Soubhi Saleh: Réponse de l'Islam aux défis de notre temps, Beyrouth 1979, S. 29.

38 Vgl. dazu W. Montgomery Watt: The Formative Period of Islamic Thought, Edinburgh 1973.

39 Zur Entstehungsgeschichte des Koran aus islamischer wie islamologischer Sicht und der damit verbundenen Problematik vgl. Peter Antes: Schriftverständnis im Islam, in: Theologische Quartalschrift 161. Jahrg. (1981), S. 179-191.

40 Vgl. dazu den Art. Iʿdjāz, in EI III, S. 1018-1020.

41 Vgl. hierzu u. a. Annemarie Schimmel: Der Prophet Muhammad als Zentrum des religiösen Lebens im Islam, in: Glauben an den einen Gott. Menschliche Gotteserfahrung im Christentum und im Islam, hrsg. von Abdoldjavad Falaturi u. Walter Strolz, Freiburg-Basel-Wien 1975, S. 57-84.

42 Vgl. etwa Antonie Wessels: A Modern Arabic Biography of Muḥammad. A Critical Study of Muḥammad Ḥusayn Haykal's Ḥayāt Muḥammad, Leiden 1972.

43 Die beiden wichtigsten Darstellungen des Lebens von Mohammed in deutscher Sprache sind Rudi Paret: Mohammed und der Koran. Geschichte und Verkündigung des arabischen Propheten, Stuttgart-Berlin-Köln-Mainz ⁵1980 und Maxime Rodinson: Mohammed, Luzern-Frankfurt a. M. 1975.

44 Vgl. hierzu den Art. Djāhiliyya, in EI II, S. 383f.

45 Claus Schedl: Muhammad und Jesus. Die christologisch relevanten Texte des Koran, Freiburg 1978.

46 Rodinson (Anm. 43), a.a.O., S. 43f.
47 Vgl. hierzu den Art. Musailima, in J. A. Wensinck u. J. H. Kramers (Hrsg.): Handwörterbuch des Islam, Leiden 1941, S. 548f.
48 Gewöhnlich legt man diese Predigt im Sinne eines monotheistischen Bekenntnisses aus. Vielleicht hat aber Rodinson (Anm. 43), a.a.O., S. 99 recht, wenn er für die erste Predigtphase Mohammeds nur ein henotheistisches Bekenntnis annimmt.
49 Sofern nicht anders vermerkt, wird hier der Koran zitiert nach der Übersetzung (Werkausgabe) von Rudi Paret: Der Koran, Stuttgart-Berlin-Köln-Mainz (1962) ²1982.
50 Martin Robbe: Islam. Religion, Gesellschaft, Staat, Berlin 1981, S. 11f. Die erste Koranstelle im Zitat ist nach der Reclam-Übersetzung Koran 102, 1f.; die zweite Stelle erinnert an Koran 85, 10f.
51 Paret (Anm. 43), a.a.O., S. 101.
52 Zit. nach Ibn Ishâq: Das Leben des Propheten, aus dem Arabischen übertragen und bearbeitet von Gernot Rotter, Tübingen-Basel 1976, S. 109-111.
53 Vgl. dazu z. B. S. A. Rahman: Punishment of Apostasy in Islam, Lahore 1978.
54 Diese Regelung betrifft auch rein dogmatische Äußerungen; vgl. Paret (Anm. 43), a.a.O., S. 93.
55 Vgl. Koran 37, 96 und Koran 35.
56 Zit. bei Rudi Paret: Die Gottesvorstellung im Islam, in: ZMR 34. Jahrg. (1950), S. 81-92 u. 206-218, hier S. 214.
57 Richard J. McCarthy: The Theology of al-Ashʿarī, Beyrouth 1953, K. al-lumaʿ Nr. 52.
58 Vgl. dazu allgemein Adel-Th. Khoury: Einführung in die Grundlagen des Islams, Graz-Wien-Köln 1978, S. 182ff (Reihe: Islam und westliche Welt Bd. 3); Tilman Nagel: Das Leben nach dem Tod in islamischer Sicht, in Tod und Jenseits im Glauben der Völker, hrsg. von Hans-Joachim Klimkeit, Wiesbaden 1978, S. 130-144 und Imam 'Abd ar-Rahim ibn Ahmad al-Qadi: Das Totenbuch des Islam. »Das Feuer und der Garten« – Die Lehren des Propheten Mohammed über das Leben nach dem Tode, München 1981.
59 Vgl. dazu W. Montgomery Watt: Free Will and Predestination in Early Islam, London 1948, und William Thomson: Free Will and Predestination in Early Islam, in: The Muslim World XL (1950) I, S. 207-216; II, S. 276-287 bzw. Louis Gardet: Dieu et la destinée de l'homme, Paris 1967, S. 33-139.
60 Vgl. dazu Ludwig Ott: Grundriß der katholischen Dogmatik, Freiburg-Basel-Wien ⁶1963, S. 106-108.
61 Vgl. dazu Peter Antes: The First Asʿarites' Conception of Evil and the Devil, in: Mélanges offerts à Henry Corbin, éd. par Seyyed Hossein Nasr, Tehran 1977, S. 177-189.
62 Zur Anthropologie vgl. Khoury (Anm. 58), a.a.O., S. 192ff und Peter Antes: Der Mensch vor Gott im Islam, in: Mensch, Welt, Staat im Islam, hrsg. von Michael Fitzgerald, Adel-Th. Khoury, Werner Wanzura, Graz-Wien-Köln 1977, S. 11-30 (Reihe: Islam und westliche Welt Bd. 2).
63 Zur Vorstellung, daß der Mensch über den Engeln steht, vgl. auch Koran 15, 26ff; 7, 11; 17, 70 bzw. J. W. Sweetman: Islam and Christian Theology. A Study of the Interpretation of Theological Ideas in the two Religions, Part one, Vol. II, London-Redhill 1948, S. 184.
64 Smail Balić: Das Jesusbild in der heutigen islamischen Theologie, in: Glauben an den einen Gott (Anm. 41), S. 11-21, hier S. 11.
65 Vgl. hierzu Saleh (Anm. 37), a.a.O., S. 134: »L'individu se surveille grâce à la volonté [. . .] De cette volonté régulatrice émane donc la conscience morale de l'homme dont les mobiles immédiats et lointains inspirent sa conduite.«
66 Die ausführlichste Behandlung findet sich in W. Montgomery Watt u. Alford T. Welch: Der Islam I. Mohammed und die Frühzeit – Islamisches Recht –

Religiöses Leben, Stuttgart-Berlin-Köln-Mainz 1980, S. 262-347 (Reihe: Die Religionen der Menschheit, Bd. 25, 1).

67 Für den genauen Ablauf vgl. Peter Antes u. Günter Biemer (Hrsg.): Weltreligionen im Religionsunterricht – Sekundarstufe II, München 1975, S. 49-52.

68 Saleh (Anm. 37), a.a.O., S. 103.

69 Vgl. dazu in EI II die Art. Dār al-Ḥarb, S. 126, Dār al-Islām, S. 127 f bzw. für die tributpflichtigen und befriedeten Gebiete die Art. Dār al-ʿAhd, S. 116 und Dār al-Ṣulḥ, S. 131 und für die Gesamtproblematik den Art. Djihād, S. 538-540. Des weiteren sind wichtig Albrecht Noth: Heiliger Krieg und heiliger Kampf im Islam und Christentum. Beiträge zur Vorgeschichte und Geschichte der Kreuzzüge, Bonn 1964 (Reihe: Bonner historische Forschungen, Bd. 28); Rudolph Peters: Islam and Colonialism. The Doctrine of Jihad in Modern History, The Hague-Paris-New York 1979 und ders.: Jihad in Mediaeval and Modern Islam. The Chapter on Jihad from Averroes' Legal Handbook ›Bidāyat al-Mudjtahid‹ and the Treatise ›Koran and Fighting‹ by the late Shaykh al-Azhar, Maḥmūd Shaltūt (tansl. and annotated), Leiden 1977 (Reihe: Religious Texts Translation Series NISABA vol. 5).

70 Maudoodi (Anm. 26), a.a.O., S. 140.

71 Vgl. dazu Peter Antes: »Mission« im Islam, in »... denn Ich bin bei Euch«. Perspektiven im christlichen Missionsbewußtsein heute. Festgabe für Josef Glazik und Bernward Willeke zum 65. Geburtstag, hrsg. von Hans Waldenfels, Zürich-Einsiedeln-Köln 1978, S. 375-381.

72 Vgl. dazu den Art. Djizya, in EI II, S. 559-567. Zum Status dieser Nichtmuslime innerhalb des islamischen Reiches im allgemeinen vgl. den Art. Dhimma, in EI II, S. 227-231 und Antoine Fattal: Le Statut légal des nonmusulmans en pays d'Islam, Beyrouth 1958.

73 Zur außerordentlich schwierigen Problematik des Untergangs des Christentums in bestimmten Gegenden des islamischen Reiches vgl. für die Berber Ulrich Schoen: Die Kirche der Berber – Über die mutmaßlichen Gründe ihres Aussterbens, in Fides pro mundi vita. Missionstheologie heute. Hans-Werner Gensichen zum 65. Geburtstag, hrsg. von Theo Sundermeier, Gütersloh 1980, S. 91-110.

74 Vgl. Art. Ethik, in: Lexikon der islamischen Welt, 1. Bd. (Stuttgart-Berlin-Köln-Mainz 1974), S. 166 f und Art. Akhlāḳ, EI I, S. 325-329.

75 So ʿAbid Taufiq al-Hāšimī: Ṭuruq tadrīs ad-dīn, Beirut ²1974, S. 224.

76 K. al-lumaʿ (Anm. 57), Nr. 171.

77 Vgl. G.-H. Bousquet: L'Éthique sexuelle de l'Islam, nouv. éd. Paris 1966, S. 1 ff u. 185 ff.

78 Vgl. den Art. Adab, in EI I, S. 175 f.

79 Iradj Khalifeh-Soltani: Das Bild des idealen Herrschers in der iranischen Fürstenspiegelliteratur dargestellt am Beispiel des Qābūs-Nāmé, phil. Diss. Tübingen 1971, S. 2 f.

80 Hamid Algar: Zur Frage des Säkularismus in der islamischen Welt, in: Glauben an den einen Gott (Anm. 41), S. 130-156, hier S. 134.

81 Hier folge ich der Anordnung und Numerierung sowie einigen Zusatzerklärungen bei Anton Schall: »Zur Ethik des Islams«, in: Die Neue Ordnung (Paderborn) Heft 4/1975, S. 241-253, hier S. 249 f.

82 Für das Folgende übernehme ich weitgehend wörtlich Khoury (Anm. 58), a.a.O., S. 232-236.

83 Ignaz Goldziher: Muhammedanisches Recht in Theorie und Wirklichkeit, in: Zeitschrift für Vergleichende Rechtswissenschaft, 8. Bd. (1889), S. 406-423, hier S. 407 f. Das Weintrinken ist vor allem in der Adab-Literatur belegt; vgl. dazu u. a. Peter Heine: Wein und Weinkonsum in 1001 Nacht, in Zeitschrift der Deutschen Morgenländischen Gesellschaft Supplement III, 1.

XIX. Deutscher Orientalistentag vom 28. September bis 4. Oktober 1975 in Freiburg im Breisgau. Vorträge, hrsg. von Wolfgang Voigt, Wiesbaden 1977, S. 452-462 und Khalifeh-Soltani (Anm. 79), a.a.O., S. 156-159.

84 Die Gaben der Erkenntnisse des ʿUmar as-Suhrawardī (ʿAwārif al-maʿārif), übers. u. eingeleitet von Richard Gramlich, Wiesbaden 1978, S. 257 (Reihe: Freiburger Islamstudien, Bd. VI).

85 ebd., S. 302 f.

86 Vgl. dazu vor allem Ruth Pfriem u. Jan Vinck: Materialien zur interkulturellen Erziehung im Kindergarten, Stuttgart 1981 (Reihe: Materialien und Berichte der Robert Bosch Stiftung GmbH 2); Barbara Özen/Werner Wanzura/Svea Wülfing: Umgang mit türkischen Kindern. Handreichungen für Erzieherinnen und Erzieher, Köln 1980 (zu beziehen über: Cibedo).
Hinsichtlich der Probleme türkischer Kinder in deutschen Grundschulen vgl. u. a. die Dissertation aus dem FBR 12 (Erziehungswissenschaft) der FU Berlin von Uenal Abali: Türkische Schüler an Berliner Grundschulen. Eine empirische Untersuchung (1979); Ursula Neumann u. Hans H. Reich: Türkische Kinder – deutsche Lehrer. Probleme im Unterricht: Erklärungen und Hilfen, Düsseldorf 1977; Ursula Neumann: Erziehung ausländischer Kinder. Erziehungsziele und Bildungsvorstellungen in türkischen Arbeiterfamilien, Düsseldorf 1980.
Zur Problematik allgemein vgl. Muhammad S. Abdullah: Geschichte des Islams in Deutschland, Graz-Wien-Köln 1981, S. 69 ff (Reihe: Islam und westliche Welt, Bd. 5); ders.: Die Situation der Muslime in der Bundesrepublik, in Muhammad S. Abdullah u. Franz Gieringer: Die Präsenz des Islam in der Bundesrepublik Deutschland, Cibedo-Dokumentation Nr. 9 (Dezember 1980); Muhammad S. Abdullah u. Michael Mildenberger: Moslems unter uns. Situation, Herausforderung, Gespräch, Stuttgart 1974; Hans-Jürgen Brandt u. Claus-Peter Haase (Hrsg.): Begegnung mit Türken – Begegnung mit dem Islam. Ein Arbeitsbuch, Hamburg 1981; Christen und Moslems in Deutschland, hrsg. von Ständige Arbeitsgruppe für christlich-islamische Beziehungen und für Kontakte zu anderen Weltreligionen, Essen 1977; Einflüsse der islamischen Religion auf die Integrationsfähigkeit der ausländischen Arbeitnehmer und ihrer Familienangehörigen, vorgelegt von Christoph Elsas, Berlin 1980 (zu beziehen über die Staatskanzlei/Planungsstelle beim Reg. Bürgermeister von Berlin. Zum besseren Verständnis der Hintergründe empfiehlt sich zusätzlich Hans Vöcking: Der Islam in der Türkei, Cibedo-Texte Nr. 11 vom 15. September 1981); Gerhard Jasper (Hrsg.): Muslime – unsere Nachbarn, Frankfurt a. M. 1977; Jürgen Micksch (Hrsg.): Zusammenleben mit Muslimen. Eine Handreichung, Frankfurt a. M. 1980; J. S. Nielsen: Europas Muslime. Ihr Rechts-Status, Cibedo-Dokumentation Nr. 4 (September 1979); Hanns Thomä-Venske: Islam und Integration. Zur Bedeutung des Islam im Prozeß der Integration türkischer Arbeiterfamilien in die Gesellschaft der Bundesrepublik, Hamburg 1981.
Ganz allgemein zur Problematik der Integration von Ausländerkindern vgl. statt vieler Hartmut M. Griese: Ausländer – zwischen Politik und Pädagogik. Beiträge zur Sozialisation und Identitätsproblematik der ›Zweiten Generation‹ im Kindes- und Jugendalter, Bonn (Via e. V.) 1981 bzw. die dort angegebene Literatur.

87 Aras Ören: Die Fremde ist auch ein Haus, Berlin 1980, S. 66. Sehr instruktiv sind auch die anderen Gedichte und Geschichten von Ören, veröffentlicht unter den Titeln: Deutschland, ein türkisches Märchen. Gedichte, Düsseldorf 1978; Alte Märchen neu erzählt, Stuttgart 1979; Mitten in der Odyssee. Gedichte, Düsseldorf 1980.
Zur Problematik im allgemeinen vgl. Heyo E. Hamer: Türkische Schulkinder – wo sind sie innerlich zu Hause?, in: Richte unsere Füße auf den Weg des Friedens. Helmut Gollwitzer zum 70. Geburtstag, hrsg. von Andreas Baudis

u. a., München 1979, S. 371-387 und in Form einer Fallstudie Anneliese Ude-Pestel: Ahmet – Geschichte einer Kindertherapie, München 1981.

88 Algar (Anm. 80), a.a.O., S. 146 f.

89 Vgl. dazu Bousquet (Anm. 77), a.a.O., S. 1 ff.

90 Nizami: Die sieben Geschichten der sieben Prinzessinnen, aus dem Persischen verdeutscht und herausgegeben von Rudolph Gelpke, Zürich 1959, S. 249-280, hier S. 277 (Reihe: Manesse Bibliothek der Weltliteratur).

91 ebd., S. 279 f.

92 Khalifeh-Soltani (Anm. 79), a.a.O., S. 161. 162 f. 164. Zu den Sklaven vgl. den Exkurs ebd., S. 165 ff und Hans Müller: Die Kunst des Sklavenkaufs nach arabischen, persischen und türkischen Ratgebern vom 10. bis zum 18. Jahrhundert, Freiburg/Br. 1980 (Reihe: Islamkundliche Untersuchungen, Band 57).
Möglicherweise ist in Koran 52, 24 etwas Ähnliches für das Paradies angedeutet.

93 Vgl. z. B. Alev Tekinay: Der deutsche und türkische Liebesroman im Mittelalter. Ein Beitrag zur vergleichenden Literaturgeschichte, in: Zeitschrift der Deutschen Morgenländischen Gesellschaft, Bd. 131 (1981), S. 137-157.

94 Beide Belegstellen bei Richard Gramlich: Die schiitischen Derwischorden Persiens II: Glaube und Lehre, Wiesbaden 1976, S. 85 (Reihe: Abhandlungen für die Kunde des Morgenlandes, Bd. XXXVI).

95 Aus der Fülle der Literatur zu diesem Thema sollen hier nur einige Titel aufgeführt werden wie z. B. Erdmute Heller: Die Situation der Frau in der islamischen Gesellschaft, in: Im Namen Allahs. Der Islam – eine Religion im Aufbruch?, hrsg. von Axel Buchholz u. Martin Geiling, Frankfurt a. M.-Berlin-Wien 1980, S. 70-86; Iris Müller: Zur Stellung der Frau im Islam, Cibedo-Dokumentation Nr. 6/7 (März/Juni 1980) [ein Literaturbericht]; Rudi Paret: Zur Frauenfrage in der arabisch-islamischen Welt (ursprünglich 1934), abgedruckt in Rudi Paret: Schriften zum Islam. Volksroman – Frauenfrage – Bilderverbot, hrsg. von Josef van Ess, Stuttgart-Berlin-Köln-Mainz 1981, S. 135-205; J.-G. Peristiany (Ed.): Honour and Shame. The Values of Mediterranean Society, London 1965; Wiebke Walther: Die Frau im Islam, Stuttgart-Berlin-Köln-Mainz 1980; Beatrix Wiethold: Kadınlarımız – Frauen in der Türkei, Hamburg 1981.

96 Vgl. dazu Alfred Jeremias: Der Schleier von Sumer bis heute, Leipzig 1931 (Reihe: Der Alte Orient, Bd. 31, Heft 1/2) bzw. Walther, a.a.O., S. 40 f.

97 Vgl. hierzu Jeremias, a.a.O., S. 35.

98 Michael Friedländer: Die jüdische Religion (Frankfurt a. M. 1936), Nachdruck Basel 1971, S. 375.

99 Friedländer, a.a.O., S. 338.

100 Abul Aʿla Maududi: Purdah and the Status of Woman in Islam, transl. and ed. by al-Ashʿari, Lahore ⁴1979, S. 133 ff.

101 ebd., S. 213.

102 ebd., S. 213.

103 ebd., S. 121.

104 Zur unterschiedlichen Selbsteinschätzung der Frauen in der islamischen Welt vgl. Walther (Anm. 95), a.a.O., S. 43 f.

105 Walther (Anm. 95), a.a.O., S. 75. Dort sind auch die Belegstellen für die einzelnen Beispiele angegeben.

106 Art. Ethics and Morality (Muslim), in James Hastings: Encyclopaedia of Religion and Ethics, vol. V (Edinburgh 1912), S. 501-513, hier S. 512.

107 Vgl. dazu den Art. Mutʿa, in: Handwörterbuch des Islam (Anm. 47), S. 552-554; Dietrich von Denffer: Mutʿa – Ehe oder Prostitution?, in: Zeitschrift der Deutschen Morgenländischen Gesellschaft, Bd. 128 (1978), S. 299-325 und Werner Ende: Ehe auf Zeit (mutʿa) in der innerislamischen Diskussion der Gegenwart, in: Die Welt des Islams XX (1980), S. 1-43.

108 Die klassische Auffassung wird behandelt bei Erwin Gräf: Die Stellungnahme

islamischen Rechts zur Geburtenregelung (Tanẓīm Al-Nasl) und Geburtenbe-
schränkung (Taḥdīd Al-Nasl), in: Der Orient in der Forschung. Festschrift für
Otto Spies zum 5. April 1966, hrsg. von Wilhelm Hoenerbach, Wiesbaden
1967, S. 209-232, und bei M. Bormans: Islam et contraception, in Lateranum
1978, S. 243 ff. Eine genaue Erhebung über die Situation in den einzelnen
Ländern liegt m. W. noch nicht vor. Bisweilen widersprechen sich sogar die
Angaben, vgl. dazu für Ägypten Johannes Benzing: Islamische Rechtsgutachten als volkskundliche Quelle, Mainz-Wiesbaden 1977, S. 7 f gegen Enrico
Cerulli: L'islam di ieri e di oggi, Roma 1971, S. 95.

109 Mit nur geringfügigen Änderungen übernehme ich hier die Zusammenfassung
von Adel Theodor Khoury: Abtreibung im Islam, Cibedo-Dokumentation
Nr. 11 (Juni 1981), S. 24 f. In dem genannten Heft finden sich auch die
entsprechenden Belegstellen wie Hinweise auf weiterführende Literatur.

110 Zum Thema Beschneidung vgl. den Art. Khitān, in EI V, S. 20-22.

111 Vgl. Art. Maktab, in Handwörterbuch des Islam (Anm. 47), S. 403-405, hier
S. 403 f.

112 Vgl. dazu die diesbezügliche Große Anfrage und Antwort des Senats der Freien
und Hansestadt Hamburg vom 26. 03. 1980 (Senatsdrucksache 9/2050).

113 Z. B. Muhammad S. Abdullah: Weshalb Koranschule?, Cibedo-Dokumentation Nr. 3 (Juni 1979).

114 Hierzu Oguz Karagöz: Der Islam im Widerstreit. Religionspolitik und Natio-
nalismus in der Schulerziehung der türkischen Republik 1923-1960, phil. Diss.
Freiburg i. Br. 1976, S. 271 ff. Allgemein dazu vgl. Bertold Spuler: Das türkische Unterrichtswesen zur Zeit der Tanzimat sowie unter Atatürk, in Festschrift für Ernst Klingmüller, hrsg. von Fritz Hauss u. Reimer Schmidt,
Karlsruhe 1974, S. 465-475.

115 Ayatollah Seyyed Ruhollah Khomeyni: Pour un gouvernement islamique, Paris
1979, S. 117.

116 Khomeyni, a.a.O., S. 76 f. Als ein Beispiel aus der Geschichte kann dienen ein
Text über Saladin, in Francesco Gabrieli: Die Kreuzzüge aus arabischer Sicht,
München 1975, S. 136-139.

117 Vgl. hierzu Peter Antes: Religiöse Erziehung in Iran, in: Die islamische Welt
zwischen Mittelalter und Neuzeit (Anm. 7), S. 35-43.

118 Vgl. dazu A. Cherif-Chergui: Justicia e igualidad en el Islam, in: Razón y Fe
(Madrid) 1979, 200 Nr. 983, S. 382-392.

119 Vgl. dazu u. a. Waṣfi (Anm. 27), a.a.O., S. 33 f u. 62 ff, oder Muḥammad al-
Hiḍr Ḥusain: Rasā'il al-iṣlāḥ, Damaskus 1971, S. 79 ff. Allgemein hierzu vgl.
Adel Th. Khoury: Begegnung mit dem Islam. Eine Einführung, Freiburg-
Basel-Wien 1980, S. 78.

120 Ayatollah Khomeiny: Principes politiques, philosophiques, sociaux et reli-
gieux. Extraits de trois ouvrages majeurs de l'Ayatollah, Paris 1979, S. 25 f. Bei
den »zwei oder drei Gehilfen« habe ich »exécuteurs« (= Vollstrecker/Henker)
mit Blick auf die Allgemeinheit der Prozesse sehr abgeschwächt übersetzt. Die
Wirklichkeit in Iran mit einer stets wachsenden Zahl an Todesurteilen im Laufe
der Jahre 1979-81 läßt allerdings die Zweifel an dieser abgeschwächten Übersetzung als berechtigt erscheinen.

121 Erich Pritsch: Die islamische Staatsidee. Ein geschichtlicher Überblick, in
Zeitschrift für Vergleichende Rechtswissenschaft 53. Bd. (1939), S. 33-72, hier
S. 34 f.
Des weiteren sind für die Problematik im allgemeinen wichtig Tilman Nagel:
Staat und Glaubensgemeinschaft im Islam. Geschichte der politischen Ord-
nungsvorstellungen der Muslime, Zürich-München, Bd. I: Von den Anfängen
bis ins 13. Jahrhundert, 1981; Heinrich Reiners: Die klassische islamische
Staatsidee, ihre moderne Interpretation und ihre Verwirklichung in den Verfas-
sungsordnungen muslimischer Staaten, jur. Diss. Münster/Westf. 1968; Erwin
I. J. Rosenthal: Politisches Denken im Islam, in: Saeculum Bd. 23 (1972),

S. 148-171 u. 295-318; Fritz Steppat: Der Muslim und die Obrigkeit, in: Zeitschrift für Politik, Bd. 12 (1965), S. 319-332; W. Montgomery Watt: Islamic Political Thought. The Basic Concepts, Edinburgh 1968; Badiuz Zaman: Islamic State – A Realizable Idea, in: The Islamic Literature, Bd. 7 Nr. 7 (July 1955), S. 5-18; Chaudhury Khaliq Uz-Zaman: My Conception of a Qur'anic or Islamic State, in: The Islamic Review, January 1950, S. 22-24.

122 Pritsch, a.a.O., S. 36-38. Muslime bestreiten oft, daß man von einem theokratischen Staat sprechen darf, so z. B. Hamdy Mahmoud Azzam: Der Islam. Plädoyer eines Moslem, Stuttgart 1981, S. 164.

123 Martin Forstner: Islam und Demokratie, Cibedo-Texte Nr. 9/10 (15. Mai/ 15. Juli 1981), S. 8. Zur Frage im allgemeinen vgl. auch Niaz Ahmed Zikria: Les principes de l'Islam et la démocratie, Paris 1958. Zur Verwendung des šūrā-Begriffes in arabischen Staatsverfassungen vgl. die entsprechenden Passagen bei Monika Tworuschka: Die Rolle des Islam in den arabischen Staatsverfassungen, Walldorf 1976 (Reihe: Beiträge zur Sprach- und Kulturgeschichte des Orients, Bd. 27).

124 A. G. Samarbakhsh: Socialisme en Irak et en Syrie, Paris 1978, S. 26 ff.

125 Zit. nach Heinz Gstrein: Marx oder Mohammed. Arabischer Sozialismus und islamische Erneuerung, Freiburg-Würzburg 1979, S. 23.

126 Zit. nach Gstrein, a.a.O., S. 24.

127 Forstner (Anm. 123), a.a.O., S. 16.

128 Siehe Literaturangabe in Anm. 71. Eine Misssionstätigkeit wie die der Christen wird von den Muslimen für die Gegenwart geleugnet, von mancher christlichen Missionsbewegung aber für sie behauptet, vgl. dazu für Afrika John Laffin: Islam – Weltbedrohung durch Fanatismus, München 1980.

129 Vgl. dazu den Art. Djizya, in EI II, S. 559-567. Zum Status der Nichtmuslime innerhalb des islamischen Reiches im allgemeinen vgl. den Art. Dhimma, in EI II, S. 227-231 und Antoine Fattal: Le Statut légal des non-musulmans en pays d'Islam, Beyrouth 1958 sowie Adel Théodor Khoury: Toleranz im Islam, München-Mainz 1980, S. 138-176. Wie unterschiedlich die regionale Praxis aussah, demonstriert ein Vergleich von Harald Motzki: Dimma und Égalité. Die nichtmuslimischen Minderheiten Ägyptens in der zweiten Hälfte des 18. Jahrhunderts und die Expedition Bonapartes (1798-1801), Bonn 1979, S. 66 ff (Reihe: Studien zum Minderheitenproblem im Islam, Bd. 5) mit Helga Anschütz: Christentum und Islam: Die syrischen Christen im Ṭur ʿĀbdin (Südosttürkei), in: Renaissance des Islams. Weg zur Begegnung oder zur Konfrontation?, hrsg. von Michael Fitzgerald, Adel Th. Khoury u. Werner Wanzura, Graz-Wien-Köln 1980, S. 55-96 (Reihe: Islam und westliche Welt, Bd. 4).

130 Forstner (Anm. 123), a.a.O., S. 15.

131 Motzki (Anm. 129), a.a.O., S. 11.

132 Die folgenden Ausführungen halten sich eng, meist wörtlich an Volker Nienhaus: Katholische Sozial- und islamische Wirtschaftslehre. Gemeinsamkeiten, Unterschiede, Gegensätze, Cibedo-Texte Nr. 7 (15. Januar 1981). Dort ist auch entsprechende Literatur angegeben. Zusätzlich sei noch verwiesen auf Peter Antes: Iran – An Islamic Example for Religions in the Re-making, in: Journal of Dharma (Bangalore), Bd. V (1980), S. 372-379, hier S. 378 f. M. W. fehlen bislang noch fast gänzlich Studien zur konkreten Wirtschaftspolitik einzelner islamischer Länder, an denen man den Einfluß der Religion auf die konkreten wirtschaftspolitischen Entscheidungen zeigen könnte. Für die sozialistische Baath-Politik liegt derartiges inzwischen vor, vgl. Aziz Alkazaz: Die Entwicklung der irakischen Wirtschaft. Baʿth-Strategie in der Praxis, Hamburg 1981 (Reihe: Mitteilungen des Deutschen Orient-Instituts Nr. 16).

133 Vgl. dazu Joseph Schacht: An Introduction to Islamic Law, Oxford 1964, S. 78 ff., 114, 200 u. ö.

134 Zur Klassifizierung der Taten vgl. Khoury (Anm. 58), a.a.O., S. 223 f.

135 Vgl. Art. al-Bannā', in EI I, S. 1018 f.
136 Siegrun Kapferer: Die Moslembruderschaft. Nativistische Reaktion und Religiöse Revitalisierung im Prozess der Akkulturation, phil. Diss. Heidelberg 1972, S. 178 f.
137 Vgl. dazu Gramlich (Anm. 94), a.a.O., S. 497.
138 Khoury, Toleranz (Anm. 129), S. 185 bzw. ähnlich ders.: Muslime und Nicht-Muslime. Grundlehren des Islam zur Toleranz, in: Theologische Quartalschrift 161. Jahrg. (1981), S. 201-209, hier bes. S. 208 f.
139 Vgl. dazu Aziz Ahmad: An Intellectual History of Islam in India, Edinburgh 1969 (Reihe: Islamic Surveys, Bd. 7) und Annemarie Schimmel: Islam in the Indian Subcontinent, Leiden-Köln 1980 (Reihe: Handbuch der Orientalistik II. Abt., 4. Bd., 3. Abschn.).
140 Vgl. dazu Handbuch der Orientalistik III. Abt., 2. Bd., 1. Abschn., Leiden-Köln 1975.
141 Vgl. dazu Der Islam in Indonesien, Wiesbaden 1978 (Reihe: Christentum und Islam, Heft 9), und Thomas Mooren: Beobachtungen zum Islam und Indonesien, in: ZMR 66. Jahrg. (1982) S. 35-57.
142 Vgl. dazu u. a. Giovanni Iannettone: La rivoluzione musulmana ed i paesi afro-asiatici (L'Islamismo come sistema politico), Napoli 1965, S. 245 ff u. ö. und die Zeitschrift »Pouvoirs« Nr. 12/1980: Les régimes islamiques, S. 141 ff, bzw. Ernst Dammann: Der Islam in Schwarzafrika, in: ZMR 64. Jahrg. (1980) S. 279 ff u. F. Köster: Islam in Schwarzafrika, ZMR 66. Jahrg. (1982) S. 17-34.
143 Zum Islam in der Sowjetunion vgl. Hélène Carrère d'Encausse: Risse im roten Imperium. Das Nationalitätenproblem in der Sowjetunion, Wien-München-Zürich-Innsbruck 1979, und den hervorragenden Beitrag von Alexandre Bennigsen: Several Nations or One People? Ethnic consciousness among Soviet Central Asian Muslims, in: Survey 1979, S. 51-64, bzw. ders.: Les musulmans de l'URSS et la crise afghane, in: Politique Etrangère, Heft 1/1980, S. 13-25. Als eine Art Selbstdarstellung (mit staatlicher Druckerlaubnis) kann der Artikel »muslimū bilādinā l-yaum« in der seit 1968 in Taschkent erscheinenden Zeitschrift »Al-muslimūn fī š-šarq as-sūfyātī«, Heft 1/1980, S. 9-12 gelten. Nach dem Impressum erscheint diese Zeitschrift in Özbekisch, Arabisch (das hier zitierte Heft), Englisch, Französisch und Persisch. Bereits diese Aufzählung ist signifikant. So fehlt beispielsweise Russisch.
144 Vgl. dazu F. Aubin: Art. Islam, in: Wolfgang Franke (Hrsg.): China Handbuch, Düsseldorf-Gütersloh 1974, col. 573-578, und Raphael Israeli: Muslims in China, London-Malmö 1980 (Reihe: Scandinavian Institute of Asian Studies Monograph Series No. 29). Über die gegenwärtige Situation gibt es nur Vermutungen (ca. 5 Millionen Muslime?). Leider vermied Professor Jin Yijin von der Akademie zur Erforschung der Religionen in Peking bei seinem Referat »The Koran in China«, gehalten während des XIV. Internationalen Kongresses der International Association for the History of Religions vom 17.-22. August 1980 in Winnipeg (Kanada), jede konkrete Aussage zur Zahl und Aktivität der Muslime in der Volksrepublik. Er teilte lediglich mit, daß demnächst eine Übersetzung des Koran ins Chinesische gedruckt wird. Bislang gab es seinen Ausführungen zufolge nur einen Text des Koran in chinesischer Schrift, die lautlich das Arabische imitierte.
145 Vgl. dazu Muhammad S. Abdullah: Geschichte des Islams in Deutschland, Graz-Wien-Köln 1981, S. 69 ff (Reihe: Islam und westliche Welt, Bd. 5).
146 Man denke hier an die sog. Koranschulen in der Bundesrepublik (vgl. oben S. 65 f), die nicht zum türkischen Säkularismus passen; zu letzterem vgl. Niyazi Berkes: The Development of Secularism in Turkey, Montreal 1964, und Hans Vöcking: Der Islam in der Türkei, Cibedo-Texte Nr. 11 (15. September 1981).
147 Vgl. dazu u. a. Ahmad Hasan: The Doctrine of Ijmā' in Islam, Islamabad 1976.
148 Das Studium solcher Fatwas ist landeskundlich höchst aufschlußreich, vgl. dazu Johannes Benzing: Islamische Rechtsgutachten als volkskundliche Quelle,

Mainz-Wiesbaden 1977. Als Beispiele für Ägypten lassen sich dort (S. 7) Fatwas anführen, denen zufolge 1951 der Genuß von Pepsi-Cola und Coca-Cola und 1953 die Verwendung von Mikrophonen und Lautsprechern bei Gottesdiensten für unbedenklich erklärt wurden.

149 Vgl. Norman Anderson: Law Reform in the Muslim World, London 1976, S. 86 ff.

150 Vgl. dazu den Art. al-Iḵẖwān al-Muslimūn, in EI III, S. 1068-1071, und den Art. al-Bannā', in EI I, S. 1018 f, bzw. Siegrun Kapferer: Die Moslembruderschaft. Nativistische Reaktion und Religiöse Revitalisierung im Prozess der Akkulturation, phil. Diss. Heidelberg 1972, und Johannes Reissner: Ideologie und Politik der Muslimbrüder Syriens. Von den Wahlen 1947 bis zum Verbot unter Adīb aš-Šīšakli 1952, Freiburg/Br. 1980 (Reihe: Islamkundliche Untersuchungen, Band 55). Zur Frage der Parallelität im Denken bei Khomeini und den Muslimbrüdern vgl. Khalil Samir: Khomeini e i »Fratelli musulmani«. Un ritorno integrale alle radici dell'Islam, in: Civiltà Cattolica 131 (1980), S. 445-458.

151 Gstrein (Anm. 125), a.a.O., S. 11.

152 Arnold Hottinger: Wie stabil ist das Regime in Saudi-Arabien? Die inneren Probleme der Staaten auf der Arabischen Halbinsel, in: Brennpunkt Mittel-Ost, Stuttgart-Berlin-Köln-Mainz 1981, S. 142-159, hier S. 148 f.

153 Gstrein (Anm. 125), a.a.O., S. 19 f.

154 Vgl. dazu Richard Gramlich: Die schiitischen Derwischorden Persiens. Zweiter Teil: Glaube und Lehre, Wiesbaden 1976 (Reihe: Abhandlungen für die Kunde des Morgenlandes, Bd. XXXVI) und Annemarie Schimmel: Mystische Dimensionen des Islam, Stuttgart 1980.

155 Vgl. hierzu u. a. Jacques Jomier: Introduction à l'Islam actuel, Paris 1964, S. 102 ff.

156 Zu Geschichte und Gedankenwelt der Schiiten vgl. Yann Richard: Le Shi'isme en Iran. Imam et Révolution, Paris 1980 und E. A. Doroschenko: Schiitskoe Duchovenstvo v Sovrennom Irane, Moskva 1966.

157 Eine ausführliche Erörterung der Ereignisse in Iran kann hier nicht gegeben werden. Es muß daher auf die einschlägigen Abhandlungen verwiesen werden. Dazu gehören über die bereits genannten hinaus vor allem Shahrough Akhavi: Religion and Politics in Contemporary Iran, Albany 1980; Werner Ende: Die Mullahs und die Macht. Zur Rolle der Schia in der Geschichte Irans, in: Journal für Geschichte 1/4 (1979), S. 2-7; Michael K. J. Fischer: Iran: from Religious Dispute to Revolution, Cambridge, Mass. 1980; Fred Halliday: Iran im Zeichen der Revolution. Ursachen, Verlauf und Bedeutung der Umwälzungen im Iran, in: Brennpunkt Mittel-Ost (Anm. 152), a.a.O., S. 189-214; Iran in der Krise: Weichenstellungen für die Zukunft; Beiträge zur Diskussion der Zukunftsfrage der Islamischen Republik Iran, Bonn 1980 (Reihe: Struktur- und Entwicklungspolitik, Bd. 5); C. M. de Moor u. W. M. Floor (Hrsg.): de iraanse revolutie. Achtergronden, Nijmegen 1980 (ein Buch mit zahlreichen interessanten Karikaturen); Berliner Institut für Vergleichende Sozialforschung (Hrsg.): »Religion und Politik im Iran«. Mardom nameh – Jahrbuch der Geschichte und Gesellschaft des Mittleren Orients, Frankfurt a. M. 1981; dass.: »Revolution in Iran und Afghanistan«. Mardom nameh – Jahrbuch der Geschichte und Gesellschaft des Mittleren Orients, Frankfurt a. M. 1980; Saiyid Athar Abbas Rizvi: Iran: Royalty, Religion and Revolution, Canberra 1980.

Unter bibliographischem Aspekt ist besonders wichtig Wolfgang Behn: The Iranian Opposition in Exile. An annotated bibliography of publications from 1341/1962 to 1357/1979 with selective locations, Wiesbaden 1979; ders.: Islamic Revolution or Revolutionary Islam in Iran. A selected and annotated bibliography of political publications from the overthrow of the Shah until his death, Berlin 1980; ders.: The revolution of the pen: Iranian underground

107

publications, 1963 to 1978, in: Middle East Studies. A Felicitation Volume for Professor J. D. Pearson, hrsg. von B. C. Bloomfield, Mansell 1980, S. 13-22.

158 Eine Korrektur kann hier bieten A. H. Hairi: Shiʿism and Constitutionalism in Iran, Leiden 1977.

159 Tilman Nagel: Rechtleitung und Kalifat. Versuch über eine Grundfrage der islamischen Geschichte, Bonn 1975, S. 48.

160 Vgl. dazu Ibrahim al-Haidari: Zur Soziologie des schiitischen Chiliasmus. Ein Beitrag zur Erforschung des irakischen Passionsspiels, Freiburg 1975, S. 42-48, und Werner Ende: The Flagellations of Muḥarram and the Shīʿite ʿUlamāʾ, in: Der Islam, Bd. 55/1 (1978), S. 19-36.

161 Zit. bei Haidari, a.a.O., S. 189f.

162 Im folgenden übernehme ich – teilweise bis in die Formulierung hinein – Passagen meines Beitrages: Die Schiiten. Zur Geschichte einer Oppositionsbewegung innerhalb des Islam, in: Stimmen der Zeit 197. Bd. 104. Jahrg. (1979), S. 445-456.

163 Vgl. dazu den Art. Ismāʿiliyya, in EI IV, S. 198-206.

164 Ayatollah Seyyed Ruhollah Khomeyni: Pour un gouvernement islamique, Paris 1979, S. 119. Zur Rolle Khomeinis als Führer der Zwölferschiiten vor dem Sturz des Schah vgl. Ulrich Gehrke u. Harald Mehner (Hrsg.): Iran. Natur-Bevölkerung-Geschichte-Kultur-Staat-Wirtschaft, Tübingen-Basel 1975, S. 65f.

165 Vgl. dazu und zum folgenden Mohammed Serdani: Der verborgene Imam. Eine Untersuchung der chiliastischen Gedanken im schiitischen Islam nach Ibn Bābūya (gest. 991): Kamāl al-dīn wa-tamām al-niʿma, phil. Diss. Bochum 1979, S. 33ff.

166 Vgl. dazu Serdani, a.a.O., S. 36-38. Zu Shariʾati im allgemeinen vgl. On the Sociology of Islam. Lectures by Ali Shariʾati, translated by Hamid Algar, Berkeley 1979.

167 Ein solches Abwanderungsphänomen läßt sich sogar für eine ganze theologische Richtung: die muʿtazilitische Theologie nachweisen, vgl. dazu Wilferd Madelung: Imâmism and Muʿtazilite Theology, in Le Shîʿisme Imâmite. Colloque de Strasbourg (6.-9. 5. 1968), Paris 1970, S. 13-29.

168 Als historisches Beispiel mag dafür dienen, daß auch die Botschaft des NS-Reiches in Teheran propagandistische Möglichkeiten unter der iranischen Bevölkerung im Hinblick auf die religiösen Erwartungen der Schiiten sah, vgl. dazu Ahmad Mahrad (Hrsg.): Iran am Vorabend des II. Weltkrieges. Eine Materialsammlung deutscher, britischer und sowjetischer Geheimberichte, Osnabrück 1978, S. 498.

169 Zum besseren Verständnis des Nährbodens für Korruption im Orient, vgl. Seijed M. A. Dschamalzadeh: Die fünf Herren von der Bauchsippe, in: Persische Meistererzähler der Gegenwart, ausgewählt u. aus dem Persischen übersetzt von Rudolf Gelpke, Zürich 1961, S. 19-64 (Reihe: Manesse Bibliothek der Weltliteratur).

170 Vgl. dazu Peter Antes: Die Botschaft fremder Religionen. Hinduismus, Buddhismus, Islam, Mainz 1981, S. 17, 102ff.

171 Vgl. dazu Stefan Wild: Gott und Mensch im Libanon. Die Affäre Ṣādiq al-ʿAẓm, in: Der Islam 48 (1972), S. 206-253 und Tibi (Anm. 3), a.a.O., S. 177f.

Personen- und Sachregister